基础英语教育中的教与学

刘晓栋　著

山东大学出版社
SHANDONG UNIVERSITY PRESS
·济南·

图书在版编目(CIP)数据

基础英语教育中的教与学／刘晓栋著．—济南：山东大学出版社，2023.7

ISBN 978-7-5607-7886-0

Ⅰ.①基… Ⅱ.①刘… Ⅲ.①英语课－教学研究－小学 Ⅳ.①G623.312

中国国家版本馆CIP数据核字(2023)第143580号

责任编辑　孙艳凤
封面设计　王秋忆

基础英语教育中的教与学
JICHU YINGYU JIAOYU ZHONG DE JIAO YU XUE

出版发行　山东大学出版社
社　　址　山东省济南市山大南路20号
邮政编码　250100
发行热线　(0531)88363008
经　　销　新华书店
印　　刷　山东和平商务有限公司
规　　格　720毫米×1000毫米　1/16
　　　　　13印张　245千字
版　　次　2023年7月第1版
印　　次　2023年7月第1次印刷
定　　价　69.80元

前　言

在近期的小学英语教学中，我愈来愈想把我二十余年的基础英语教育教学中沉淀下来的所思所想呈现给大家，来助力小学英语教师智慧地教、学生愉悦地学。

近几年通过听评新教师的课，我看到很多教师对小学英语教学的理解不够透彻，对《义务教育英语课程标准(2022年版)》的学习不够深入。他们认为小学英语教学非常容易，从思想上轻视小学英语教学，不能持续地对小学英语教学进行深入学习和研究，对《义务教育英语课程标准(2022年版)》的核心素养统领下的学科育人理论与价值取向理解不够深入，对课堂评价策略与实施贯彻不到位。让核心素养在小学英语课堂上落地，发挥其统领作用实属不易。基于小学生的年龄特点和心理特点，在小学英语课堂教学实践中，教师们应思考如何引导学生在真实的语言情境中学习，如何培养学生的语言能力、文化意识、思维品质、学习能力、关键能力和必备品格。

基于此，我编写了本书，为所有从事小学英语教育的英语教师提供参考。教学是一个师生、生生互动的双向、复杂、专业的实践过程，教师不仅要理清“为什么教”(why to teach)、“为什么教”(what to teach)，还要解决“如何教”(how to teach)，还要给孩子们提供一架通往英语学习塔顶的扶梯。在培养学生核心素养目标落实的教学实践过程中，教师们要践行学思结合的英语学习活动观，围绕真实情境和真实问题开展主题活动，培养学生的核心素养、必备品格和关键能力，落实立德树人的根本任务。由此可见，培养孩子“如何学”(how to learn)的学习能力和思维品质，要比了解和明晰“学什么”(what to learn)更加重要与迫切。

本书的基础知识解读和相关内容的理论依据为《义务教育英语课程标准(2011年版)》、《义务教育英语课程标准(2022年版)》和《义务教育课程方案(2022年版)》。本书提供的教学案例紧紧围绕陈琳教授主编的教材外研版(三年级起)义务教育教科书《英语》,坚持为教师的教、学生的学、家长的导服务。

历经六年多的沉淀,这本书终于散发着油墨的芳香与大家见面了。“看似寻常最奇崛,成如容易却艰辛。”回顾本书的编写工作,我要感谢我教过的所有的可爱的孩子们,是你们精彩各异的成长故事,让我从一名教授者转变为一名课堂教学的组织者、观察者、引导者、帮助者和示范者,是你们给我灵感,让我在教学中成长。

我要感谢我朝夕相处的各位同仁,感谢我校英语组的全体成员,你们的热情洋溢、踏实勤恳、谦虚好学、乐于助人、团结合作时刻感染着我、激励着我,给我前行的力量。一个人的力量是渺小的,但团队的力量是强大的。感谢学校的各位领导,感谢你们对我的信任、支持和帮助!

由于笔者的自身经验有限,本书在很多观点及方法上难免存在一定的局限性,还望各位同仁、专家不吝赐教、指正。

刘晓栋

2023年3月

目　录

第一章　对小学英语教学的思考

第一节　字母教学

一、小学英语的字母教学

全国普及小学英语教学以来，教师们经历了学习、探索、创新、实践、提高的阶段，在摸索中进步，在创新中提高。随着我国教育的不断发展，如今的小学英语教学已从生涩、不成熟到稳步发展，有了较大突破。

（一）字母教学顺序

在小学英语教学发展过程中，笔者经历过先学字母后学句子，也经历过先学词汇和语句后学音标，再到在语境中学习和理解核心词汇和句了，通过创设情境和主题教学进行的复式教学等多元教学模式。作为英语教师，笔者一直在思索：到底哪一种更符合儿童第二语言习得规律，符合儿童的心理和生理特点，能够取得更好的教学效果和学习效果呢？

观点一：先学习26个字母后学习词汇和语句

《义务教育英语课程标准（2011年版）》[以下简称《课标（2011年版）》]明确要求“正确读出26个英文字母”。

让学生学会26个字母的规范读音、书写，为进一步的英语学习打下坚实和牢固的基础。

观点二:先学习26个字母、音标和拼读规则,再学习单词和句子

语法是语言的规律,它存在于单词、句子、段落、文章中。从学习字母的书写、发音规则开始,就已经在学习英语语言的规律了。学会字母、书写、发音后再学习单词和句子就顺理成章了,这就好比造房子,砖、沙子、水泥、木头这些建筑材料首先要准备好。如何造,这是有规律可循的事情。有的人不识字,跟着师傅也能学会造平房;有的人学了文化,通过书本学习,成了设计师,能绘图纸,能指导别人造房子。

观点三:从情境对话开始

从最简单的日常情境交际对话开始英语语言学习,在学习过程中逐步掌握、积累英语的功能语用词汇和语句,更符合人类学习语言的基本规律。

对于小学英语初学者来说,兴趣很重要。如何提高英语学习者的学习积极性和主动性,培养他们对知识的探索和实践欲望,是摆在小学英语教师面前的一个很重要的课题,值得进行深入探究。

实际学习过程中,英语语言的学习与个人的具体情况有关,如基础知识、年龄、心理特点、个人喜好和接受程度等。对于学生而言,在小学阶段掌握一些基础语音知识是很有必要的,如音标的基本知识和拼读规律。在课堂中,教师采用自然拼读等方法向孩了持续渗透语音教学。

依据《课标(2011年版)》的育人目标,教师既要关注学生的学习能力和学习品质的衔接性,又要考虑学生的持续发展。除此之外,教师还承载着学科育人的任务和使命。因此,教师首先要沉下心来研究基础必备语音知识,坚持练习发音,不断提高自身的发音水准,真正做到理解透彻、发音标准,由此才能引领学生规范地读和说。

学字母及其发音的相关知识和技能是为了更好地学习词句。单词既是语言单位又是语言基础,教师平时要引导学生学会积累词汇,除了课本上的单词外,还需进行适当的拓展学习,这样既能提高学生的基础词汇量,又能提高语言综合运用能力和阅读能力,最终达到提升学生的语言素养和人文素养的教学目的。

(二)字母教学的重要性

小学阶段是学生系统学习英语语言知识的起点,是英语语言学习的基础阶段,也是英语学科素养的培养关键期,做好这一阶段的教育教学工作是每一位小学英语教师的职责。学生英语启蒙学习的首要视觉和听觉冲击便是英文字母，英文字母教和学的效果对学生进一步学习词、句、篇等有重要影响。

1.字母教学是小学英语教学的根基工程

小学阶段的字母教学是小学生初步建立英语知识体系、形成核心素养和必备能力的根基。字母教学不仅与学习词、句、篇等知识内容有紧密的关联，还直接影响学生的英语思维模式、思维品质、语言能力、学习能力，以及综合素养的持续正向形成。

2.字母教学是帮助学生建立良好的拼读体系的基石

《义务教育英语课程标准(2022年版)》[以下简称《课标(2022年版)》]在对一级(3～4年级)的教学提示部分指出：针对词汇教学，采用“音”、“形”、“义”和“用”相结合的方法，在语境中引导学生感知单词的发音。

《课标(2022年版)》对一级(3～4年级)的语音知识内容提出要求：

(1)识别并读出26个大、小写字母；

(2)感知字母在单词中的发音；

(3)感知简单的拼读规则，尝试借助拼读规则拼读单词；

(4)感知并模仿说英语，体会单词的重音和句子的声调和降调。

在英语字母教学中，教师首先要保证自己的发音准确，因为字母的发音准确、规范直接影响学生准确、规范地读单词的水平，学生一旦形成记忆就很难改变。因此，在小学英语字母教学中，教师应充分激发学生的想象力(可借助母语汉语拼音的牵引、助力作用)，向学生渗透每个字母在英语单词中的发音及字母组合在单词中的常见发音，这就要求教师做到以下两点：一是对字母读音的教学知识要体系化，英语字母的教学要系统化；二是要积极引导学生逐渐建立字母读音与单词拼读之间的联系。

在字母教学的初始阶段，教师就应让学生明确，字母不仅有其自身的字母发音，在单词中还有其特定读音；学生要在以活动为依托的趣味操练中慢慢体会和学习字母在单词中的特定读音，久而久之形成语感，当然，这期间需要教师给予学生及时的策略性激趣、纠音和引导。如单词cat的拼读记忆为[k][æ][t]，单词的拼写记忆为字母音c [siː]、a [ei] 、t[tiː]，学生利用字母的拼写和自然拼读，既学会了字母的规范书写和字母音，又清晰了字母在单词中的发音。

3.字母教学可以培养学生的英语思维

英语教师可以把26个字母按照不同的读音规则分类，如含有字母E/e相同发音因素的字母有哪几个。按照字母读音分类识别读音的方法既能帮助学生建立完整的字母读音体系，又可以使学生学会比较、分类和总结，从而能系统地掌握字母的读音规则。如在外研版（三年级起）小学《英语》三年级上册中，cat、cake、classroom、grandma、father、ball这些单词中都含有字母a，但读音并不相同，教师既要给学生介绍字母a的多种发音（指元音字母或字母组合，让学生明确同一个字母或字母组合可有一种或多种情况的发音，使学生接纳字母读音的多元化和复杂化），又要引导学生学会梳理和分辨同一字母或字母组合不同发音的发音规则，建立同一字母或字母组合不同发音的学习思维，积极思考和总结字母或字母组合的发音规则。这样，学生遇到不会读的新词时，会根据以往建立的拼读体系和思维习惯预测单词读音。教师平时应注重培养学生在学习中甄别、总结新词和旧词的关联性，提升学生的拼读能力。

4.为学生的规范书写奠定基础

《课标（2022年版）》指出："语言技能分理解性技能和表达性技能，具体包括听、说、读、看、写等方面的技能及其综合运用。听、读、看是理解性技能，说、写是表达性技能。"其中对于一级、一级＋的"写"的要求是"正确书写字母、单词和句子"。对于二级、二级＋的书写的要求是"模仿范文的结构和内容写几句意思连贯的话，并尝试使用描述性词语添加细节，使内容丰富、生动；正确使用大小写字母和常见标点符号，单词拼写基本正确；根据需要，运用图表、海报、自制绘本等方式创造性地表达意义"。

《课标（2022年版）》对"写"的逐级要求充分体现出英语字母教学的重要性。

英语书写本身缺乏趣味性，学生容易遗忘。学习字母的趣味性方法很多，大家可在教学实践中不断挖掘和创新，以下方法仅供参考。

（1）利用或创编字母顺口溜

英语字母书写顺口溜，如：

英语字母大小写，初学书写要规范；

大写一律上两格，原则不顶第一线。

小写有头上两格，b、d、h、k、l；

有尾下面占两格，g、q、y、p莫写错。

无头无尾中间格，十三字母无漏写，

a、c、e、m、n、o、r、s、u、v、w、x、z中间格，

i、t，最上一格占一半，还有f、j占三格。

所有字母略右斜，笔顺笔画须记清。

初学养成好习惯，大小宽窄要协调。

句子书写顺口溜，如：

头大写，尾标点，句号缩成小圆点。

词词分开别粘连，一个小写字母a的空隙恰恰好，

糖葫芦一串没法读。

(2)观察、收集日常生活实践中的字母

激发学生学习兴趣在于能够让学生发现所学内容的实用价值。教师要鼓励学生留心观察身边生活中的字母。如在超市或商场，看到衣服上的字母XL、L、M、S，想想怎么读呢？字母VIP代表什么？厨具或电器上的ON、OFF代表什么？

教师可鼓励学生多观察，并将收集到的生活中的字母整理在笔记本上，定期组织学生汇报和交流，从而激发学生的学习兴趣。

(3)多媒体教学法

教师可运用多媒体生动有趣地呈现26个字母的书写，集中学生的注意力，帮助学生掌握其书写规则。通过教授多版本的英语字母歌，使学生对字母的音、形、写法加以形象记忆，从而形成整体记忆。

(三)英语字母的教学方法举例

字母学习既要遵从先听说后读写的语言技能发展规律，又要结合自然拼读、词汇及语句的语境来综合学习，下面将列举英语字母教学的一些实用方法。

1.字母的趣味教学

《课标(2022年版)》教学建议部分指出："英语教学不仅要重视'学什么'，更要关注学生是否'喜欢学'，以及是否知道'如何学'。"字母教学中趣味游戏或活动竞赛，可以让学生在游戏中体会英语字母学习的乐趣，在竞争中形成竞争意识和团队意识，激发学生学习英语的积极性，提高学生的学习主动性和探索未知的欲望。

(1)游戏一：读字母大PK

设置游戏规则：以最快速度在计时范围内完成。

比赛程序与规则：

①小组赛和决赛；

②读音不准确、错误或卡顿为"出局"；

③小组赛的前三名参加总决赛；

④总决赛前两名为冠军、亚军(若出现并列，则再进行复赛)。

比赛内容:26个字母(读字母的顺序根据学生的掌握情况,可以是顺序、逆序或从指定某个字母开始)。

评价方式:过程性跟踪评价+游戏终结性评价。

评价策略:以积极性评价和鼓励性评价为主,个别特殊情况可视情况而定进行课下谈话和疏导。

游戏设计理念:检测学生字母掌握的熟练程度和应变能力,培养竞争和合作意识,激发学生学习的积极性和主动性,使其巧妙掌握字母的读、写、拼的相关知识,提高学生的综合素养。

(2)游戏二:字母手势表演

游戏内容:用手势呈现26个字母的写法。

设置游戏规则:在计时范围内完成,小组内进行,单独展示,整体呈现。

比赛程序与规则:

①小组内可以单个学生用手势呈现字母的写法,也可以两三个学生合作呈现字母写法;

②以不准确、错误的字母个数为"出局"标准;

③小组赛的第一名单独展示;

④在教师指导下选出最佳字母手势的表达方式作为整体展示手势;

⑤在整体展示中手势不规范或错误者为"出局"。

比赛难度弹性:个人或小组在字母手势呈现方面如果确实存在困难,则可以跨小组寻求帮助和指导,也可申请外援。

评价方式:即时性评价+过程性跟踪评价+整体性评价。

评价策略:以肯定性评价和启发性评价为主,个别特殊情况可视情况而定进行单独指导。

游戏设计理念:激发学生的创新能力,培养互助合作意识,激发学生学习的积极性、主动性和创造性,使学生巧妙掌握字母的相关知识,提高学生的综合能力和素养。

(3)游戏三:字母记忆之星

游戏内容:在指定时间内拼读和拼写字母。

游戏规则:在计时范围内,先在小组内两两进行,胜出者再进行第二次比赛,各小组的获胜者再进行第三次比赛,记忆最多者为冠军。

评价方式:即时性评价+过程性跟踪评价+总结性评价。

评价策略:以督促性评价和鼓励性评价为主;特殊情况可视情况而定,以及时指导和延后训练的方式进行。

游戏设计理念:激发学生的竞争意识,提升其敏捷性和爆发力,使其巧妙掌握字母的相关知识,提高学生的专注能力。

(4)游戏四:创编字母

游戏内容:用自己熟悉的曲调或自创曲调来唱26个字母。

游戏规则:在计时范围内,小组完成编唱,单独展示。

评价标准:

①创编完整,字母发音规范无误;

②创编完整,字母发音不规范或错误在3个之内;

③创编完整,字母发音不规范或错误超过5个;

④创编不完整。

比赛难度弹性:创编字母的过程中如存在困难,可及时向小组内的同学或跨小组寻求帮助和指导。

评价方式:小组评价+终结性评价,个别特殊情况可视情况而定进行延后创编指导与评价。

游戏设计理念:激发学生的创新能力,培养合作互助意识,激发学生学习的积极性、主动性和思考性,使其巧妙掌握字母的相关知识,提高学生的综合能力。

(5)游戏五:What's missing?

游戏内容:学了英语字母后,把字母卡放在一起(使用多少个字母卡,可灵活调整),让学生正确、规范地读出,然后抽取其中一张或几张,让学生寻找"What's missing?"。

游戏规则:在计时范围内完成读和寻找,这个游戏可单独完成,也可在小组内完成,然后个人或小组展示;发音不规范时,其他同学可及时向该同学提供帮助和指导。

评价标准:

①正确、规范地读出字母并迅速找到丢失的字母;

②正确、规范地读出字母并较为迅速找到丢失的字母;

③字母发音不规范或错误超过1个,找到丢失字母较慢;

④字母发音不规范或错误超过3个,找到丢失字母较慢。

评价方式:即时性评价+终结性评价。特殊情况可视情况延后,经过教师指导后参与二次比赛。

游戏设计理念:变枯燥为生动,缓解学生的学习压力,激发学习兴趣,营造良好的学习氛围。

2.字母的读音整体教学

字母读音整体教学与个别字母教学相结合。在实际教学中可根据学生的实际情况,活用教材。例如,学生初学字母时,如果每节课只学几个字母,学生会因为简单而失去兴趣,可采取集中整体呈现,如整体规范读音,整体升、降调有节奏地读字母,整体用规范音唱英文歌曲。当然,也可以根据班级授课的实际情况,采用开放式教学,让学生选择自己喜欢的曲调来编唱字母歌,这样不仅可以激发学生学习英语字母的积极性和主动性,还可以让学生体会做英语课堂小主人的快乐。

读准每一个字母是教师的教学重点之一。尽管学生对字母整体能读、唱、诵,但很多学生对部分字母的读音以及写法相近或相似的字母有着混淆或错误的认知,这就需要教师进行个别教学,必要时要多策略、多方位帮助学生反复练习。如G/g [dʒiː]和J/j [dʒeɪ]的发音、R/r和V/v的书写,强调读音要分清,发音要到位,书写要规范。

3.字母的音形结合教学

根据小学低年级学生的年龄特点和学科特点,可通过脑筋急转弯或猜谜的方法来帮助学生记住字母的发音和形状。如什么字母是蜜蜂?(答案是Bb)什么字母既不是我,也不是他,而是你?(答案是Uu)这些脑筋急转弯既能让学生记住字母的音,又能让学生记住字母的形;既能激发学生学习英语的兴趣,也能激发学生自编谜语的兴趣。

二、字母书写与音标

（一）26个英语字母（手写体）大小写及字母笔顺表

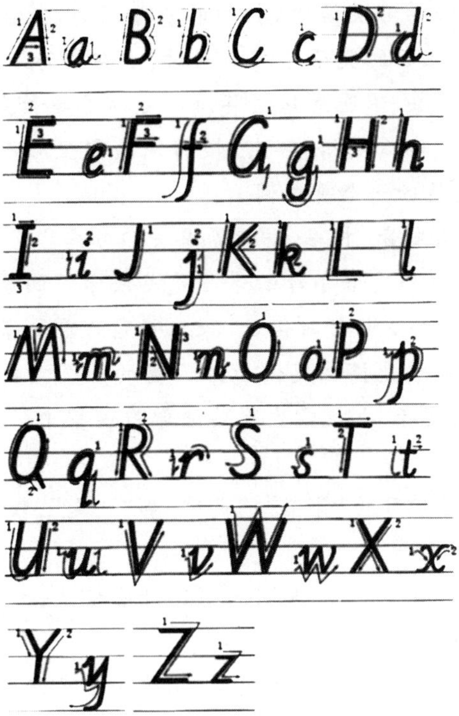

（二）26个英文字母的音标

A a [eɪ]	B b [biː]	C c [siː]	D d [diː]
E e [iː]	F f [ef]	G g [dʒiː]	H h [eɪtʃ]
I i [aɪ]	J j [dʒeɪ]	K k [keɪ]	L l [el]
M m [em]	N n [en]	O o [əu]	P p [piː]
Q q [kjuː]	R r [ɑː]	S s [es]	T t [tiː]
U u [juː]	V v [viː]	W w [ˈdʌbljuː]	X x [eks]
Y y [waɪ]	Z z [ziː][zed]		

（三）英语字母的书写要求

能够按顺序规范读、背、默写26个字母，打乱顺序后能正确认读每个字母；

能区分印刷体、手写体的不同，会规范书写每个字母的大小写；
能够记清每个字母的左邻右舍，并能写出来。

【感悟小语】

第一，小学生最初学习英语时，教师的教学思想、教学方式尤其重要，有时将影响学生整个学习生涯的英语学习。同时，小学生英语启蒙学习堪比牙牙学语，一旦长时间不能得法、不能感知到英语学习的乐趣和真实意义、不能体验到英语学习成功的喜悦，那么英语学习慢慢将成为学生难以逾越的门槛，有可能成为制约学生后期发展的一个重要因素。

第二，26个字母的发音、书写、拼读等有关学习内容无疑是启蒙阶段教和学的一个难点，可以说26个英语字母的学习是英语学习的第一课，而如何上好第一课，则是每位教师需要不断与时俱进、深入研究的重要课题。

第三，语音的教和学是摆在英语教师面前的一个重要课题，语音是字母或字母组合在单词中的发音，也是学生在英语学习过程中必须突破和掌握的一个重点和难点。

第四，语法是英语学习的"骨架"、"灵魂"和"钥匙"，教和学离不开学生对字母知识的扎实掌握。

第五，英语和其他语言一样，只有大量阅读和实践，才把它从语言知识内化为适时灵活输出的语言。

第六，教师要推动实施单元整体教学，构建由单元教学目标、语篇教学目标和课时教学目标组成的目标体系，使学生逐步构建起对单元主题的完整认识，促进价值观的形成。教师要以单元教学目标为统领，组织各语篇教学内容，规划系列教学活动，实施单元持续性评价，在整个教学过程中落实"教—学—评"一体化，不断引导学生建构对单元主题的认知。

第七，学习语言的最终目的是解决生活中的相关问题，教师要及时帮助学生将所学知识与生活联系起来，让知识在真实的语境中鲜活起来、灵动起来。

总之，英语字母教学作为小学英语教学的重要启蒙内容，它的成功与否直接影响学生英语学习兴趣的强弱，也对后期的教和学产生重要的影响。因此，教师必须高度重视，努力提高小学英语字母教学水平，不断进行小学英语字母教学的策略性研究。

第二节　语音知识(一)——语音知识基础

单词是英语学习中的重要一环。中文学习也是首先要识字造句。读中文讲究字正腔圆、落落大方,那么读英语的时候,不仅要读准语音、语调,还要把握节奏、掌握语速。

一、小学英语语音教学常见问题

小学英语语音教学常见的问题主要有三个。

问题一:学生学了几年英语了,口语就是不标准,听起来还有一点中式发音,到底是为什么?

问题二:如何培养学生听、读英语的能力?

问题三:学生不敢开口说英语怎么办?

其实这几个问题的关键在于平时的英语学习习惯和学习基础,特别是学生的语音学习基础。此外,还要注意重音,有些学生在读、说英语的时候往往把握不好重音的位置和语调,导致读和说的英语不标准、不流畅,达意不够准确,这就需要学生在平时的学习和练习中注意多积累、多总结。

学生在语言运用过程中,往往容易读错、说错、记错、写错形近的英语单词,究其原因是学生对于这类词不熟悉,没有注意到它们的差异性而导致记忆模糊、不准确,没有进行循环式巩固复习。

英语和中文学习的相通之处就是需要过语音关,学生在学习的过程中一旦系统地掌握了语音知识,那么发音问题就会迎刃而解,学生读、说英语的水平和能力将不断提升。因此,针对小学生所处的学习阶段和实际的知识储备水平,教师引导和帮助学生系统地了解和学习相关语音知识非常重要。

二、音标

英语教师应明确音标学习的重要性。虽然小学阶段不直接学习国际音标,而是采用和拼音相似的“自然拼读”进行语音教学,但小学英语教师只有具备扎实的语音基础,才能根据《课标(2022年版)》的要求去运用科学、适当的方法来进行有效的语音教学,轻松驾驭自己的英语课堂,使自己的语音教学如鱼得水般自然、有趣、有效。

(一)音标学习的重要性及注意事项

1. 音标学习的重要性

学习音标能够助力学生自主学习。社会的发展与教学改革的有效推进都要求英语教师和学生有较强的自学能力,而扎实的语音基础是提升自学能力的有利条件。随着《课标(2022年版)》的落地实施,聚焦学生的核心素养培养已成为新的育人目标,教师的教学不能仅停留在知识目标的教学上,而是要引导学生由知识转化为学科素养和能力。学生脱离了教师的教学,仍然可以自主学习、持续学习,甚至深度学习。

学习音标能够助力学生提高单词的记忆效率。学生在初始学习阶段,常常出现这种情况:第一天上课学习的单词,到了第二天发现能够百分之百准确记忆的极少。随着音标学习难度的逐渐提高,这种情况会随之好转,因为此时已经不再单纯依靠机械记忆,而是借助单词的读音规则和规律来轻松拼读单词。

学习音标能够保证英语发音的准确性,提升对英语的整体感知能力。英语读和说的规范、流畅需要很多条件,重要的是要掌握弱读、略读、浊化及连浊、连读、重读等规则。例如,读“There's a Chinatown in New York.”这个句子时,如果不懂重读而平平地读,就失去了它原有的美。再如,读“Can I help you?”这个句子时,如果不知道连读规则,就会一个词一个词地读,不仅影响读、说英语的流畅和语言的韵律美,也会影响语速和对句子的整体感知。

学习音标能够助力学生的听和说。当前,就整个小学阶段的英语学习来说,听、说依然是中国学生英语学习中的弱项,很多英语成绩还不错的学生,其丢分项中听力占了较大的比重,这就要求教师在平时的教学中注重引导学生培养良好的语感,与听力语言相通,听和说自然也就顺畅了。

学习音标能够助力学生语法学习和阅读水平的提升。学生在学习表达“正在做什么”的时候,需要用到“动词-ing”形式的知识点,其中有一项是“以一个元音字母加一个辅音字母结尾的重读闭音节,双写最后一个辅音字母再加-ing”。如果没有学好音标,对于“重读音节”“闭音节”不清楚,那么这个问题又会成为难以解锁的知识点。英语阅读不能把句和段单独开来,而是要根据上下文语境去感知、理解或猜测文意。

学习音标能够助力学生树立较强的自信心。对学生来说,打下扎实的语音功底后，既能形成良好的语感，又能感受语言之美，从而在语言体验中享受语言的乐趣，提高语言学习能力，增强学习的自信心。

2.学习音标的注意事项

音标的教和学并不是课堂教学任务结束了，学习就结束了。很多情况下，教师再次提问时，学生并不能再现和运用音标知识，因此，教师要注重在教学中将音标融入词汇发音的学习和练习中，并能将词汇和语句相联系。音标的教和学应注意以下几点。

让趣味性的教和学始终伴随英语学习。音标教学的最终目的是让学生习得正确的语音、语调并形成语感，培养学生的拼读、阅读和自主学习能力，最终实现语言的综合运用。因此，让英语教和学的过程充满趣味性是小学英语语音教学的重点，符合小学生活泼好动的天性。教师可在教学中创设情境，并采用游戏、歌谣、小组主题活动、竞赛等趣味性教学活动来调动学生的学习积极性和主动性。

遵从学生个体差异，采用适当、灵活的教学策略。每个学生对英语的接受能力有所差异，有些学生的确存在言语模仿、语言理解、语言接受能力不强等问题，教师不能急于求成，不能采用“一刀切”的教学方式，应力求科学从教，遵从学生的个体差异，采用适当、灵活、智慧的教学策略。

把握规律，使学生掌握音、形、义结合的识记方法。英语语音的教和学都有一定的规律可循，教师在教学中既要注重深入理解、思考、研究和总结，又要注重掌握词汇的音、形、义相结合的发音规律。在平时的教学中有意识地引导学生活学活用、举一反三，使学生的语音能力在语言实践中持续提升，从而帮助学生找到打开英语学习大门的“金钥匙”。例如，学习单词how时，先启发学生寻找记忆宝库中含有ow的单词（如flower、now、town、brown、window、yellow、snow、know等），先让学生互助识、记、读和理解，再引领学生比较两种发音[aʊː]、[əu]的异同，逐渐引导学生掌握拼读规律。

严要求，持久练。任何一种技能的学习，若持之以恒则成之，语音学习更是如此。教师尤其要注意在教学中做到严要求、持久练，不断地帮助学生正音，及时纠音，不给学生语音退化的机会和时间，同时，教师也要及时肯定、鼓励发音标准的学生。

（二）“字母和常见字母组合”一般发音规律总结

掌握字母和常见字母组合一般发音规律的目的是：见词规范读，音义结合速度记。其方法有以下三点：首先，由词形、词义到词音，从拼写开始到规范读出结束；其次，学会语音认词（类似中文的拼音认字），通过练习逐步达到“听音写词、音义结合、理解速背”的水平；最后，音形义结合，词句结合，巩固操练，形成技能。无论使用什么样的方法，都离不开对语音基础知识的掌握、操练和积累。

1.字母发音总口诀

元音字母音多变，熟记规则也不难。

辅音字母显易见，见面就把音来念。

字母组合固定音，千锤百炼习语感。

遇见生词找规律，划分音节顺口连。

元音字母在中间，熟能生巧难亦简。

2.辅音字母发音口诀

辅音字母显易见，见面就把音来念。

b发[b]　如：blue、table、basketball、bed。

c发[k]　如：cat、cap、class、picture。

ce、ci、cy多发[s]　如：rice、pencil、bicycle、nice。

d发[d]　如：day、dog、red、dad。

f发[f]　如：fish、five、fly、coffee。

g发[g]　如：green、egg、got。

g发[dʒ]　如：orange、age、sausage、geography。

h发[h]　如：her、here、his、hey。

j发[dʒ]　如：Japan、just、jump、job。

k发[k]、l发[l]可分连（[k]与[l]连在一起，形成辅音连缀[kl]，后接元音构成一个音节）如：book、look、blue、Klan、class。

m发[m]　如：meet、am、mum、mouth。

n发[n]　如：no、green、moon、nurse。

n发[ŋ]　如：thank、English、uncle、think。

p发[p]　如：pen、cap、cup、plane。

q发[k]　如：quickly、quite、quarter。

r发[r]　如：room、ruler、right、cross。

s多发[s] [z]，[ʃ][ʒ]也常见　如：this、sit、snake、side、is、his、whose、please、 sure、usually、pleasure。

x发音把头剪，发音[ks]多于[gz] 如：six、box、excuse、exercise、exam。

t发[t]，v发[v]，w辅音[w]来念 如：teacher、it、right、seat、very、five、river、seven、with、swim、wash、white。

最后一个字母z，发好[z]音才算完 如：zoo、zero、size、crazy。

3.常见辅音字母组合发音口诀

字母组合固定音，千锤百炼习语感。

wh发音[h]和[w]，th常发[θ]和[ð]。

ch/tch多发[tʃ]，有时发音[ʃ]或[k]。

sh发[ʃ]，ph发[f]，gh不发或发[f]（词尾）。

ge/dge多发[dʒ]，ck发[k]，kn发[n]。

ng易发[ŋ][ŋg]，qu发[kw]和[k]。

wr发卷音[r]，双写分节不分音。

（动词或复数词尾s/es多发[s]、[z]和[ɪz]，ts发[ts]，ds发[dz]）。

4.元音字母a、e、i(y)、o、u的发音口诀

元音字母音多变，熟记规则也不难。

重开音节多长音，[eɪ][iː][aɪ][əʊ][juː][aː]来拼。

重闭音节轻音短，[æ][e][ɪ][ɒ][ʌ][ə]，a接r/ss常发[aː][æ]。

e的发音首数[e]，空尾重[iː]，轻[ɪ][ə]。

i在重开音节发[aɪ]，重闭轻音短[ɪ][ə]。

o发长音[əʊ][ɔː][uː]，短音[ɒ][ʌ][ə]，one要特殊，请记牢。

u多发[juː]和[ʌ]，忙碌busy(i)加[ʊː][ʊ]。

y字母开头发[j]，重读[aɪ]，轻音结尾[ɪ]变来。

ay、ey、oy、uy，多发[eɪ][ɪ][ɔɪ][aɪ]。

r前元音常卷舌，s后弱音须强化。

相近发音不规则，省力顺口是关键。

相近强化加弱化，使得元音多变化。

5.常见元音字母组合发音口诀

字母组合固定音，常受影响发音变，千锤百炼习语感。

组合爱发长/双元音（重读音节），常受影响发音变，为了顺口图方便，近似发音相变换。

另有强化加弱化，多个字母省略念。外来/古语不规则（发音），熟读百遍音

规范。

6. 字母L的两种读音口诀

音节开头发清音[l],音节末尾发模糊音[l]。

上述是英语字母及字母组合发音规则的口诀,其实要掌握这些口诀并不难,多练习并科学地持续复现,就能够很快掌握这些发音,熟悉以上例词并掌握字母尤其是元音字母和字母组合的发音。

三、国际音标

1. 英语国际音标(48个)

英语国际音标分为元音(vowel)和辅音(consonant),具体见表1-1和表1-2。

表1-1　元音(20个)

长元音	[ɑː]　[ɔː]　[ɜː]　[iː]　[uː]
短元音	[ʌ]　[ɒ]　[ə]　[ɪ]　[ʊ]　[e]　[æ]
双元音	[eɪ]　[aɪ]　[ɔɪ]　[ɪə]　[eə]　[ʊə]　[əʊ]　[aʊ]

表1-2　辅音(28个)

清辅音	[p]　[t]　[k]　[f]　[θ]　[s]
浊辅音	[b]　[d]　[g]　[v]　[ð]　[z]
清辅音	[ʃ]　[h]　[tʃ]　[ts]　[tr]
浊辅音	[ʒ]　[r]　[dʒ]　[dz]　[dr]
鼻音	[m]　[n]　[ŋ]
半元音	[j]　[w]
边音	[i]

2. 新旧英语国际音标对照

新旧英语国际音标对照见表1-3。

表1-3 新旧英语国际音标对照

元音	新	iː	ɪ	e	æ	ɜː	ə	ʌ	uː	ʊ	ɔː
	旧	iː	i	e	æ	əː	ə	ʌ	uː	u	ɔː
	新	ɒ	ɑː	eɪ	aɪ	ɔɪ	əʊ	aʊ	ɪə	eə	ʊə
	旧	ɔ	ɑː	ei	ai	ɔi	əu	au	iə	ɛə	uə
辅音	无变化	p	b	t	d	k	g	f	v	s	z
		θ	ð	m	n	ŋ	l	r	h	w	j
		ʃ	ʒ	tʃ	dʒ	tr	dr	ts	dz		

第三节 语音知识(二)——自然拼读法

一、《课标》对小学生拼读能力的要求

语音是人类进行思想交流和社会交往的重要工具。在交流中,要想让对方准确地理解自己所表达的意图和含义,必须有一个较好的语音表达,同时良好的语音表达技能助推学生形成良好的听力和口语技能,这种技能的形成又需要适宜的学习和操练方法。自然拼读法就是学生(尤其是低年级学生)学习语音、提高拼读技能的有益工具。

《课标(2011年版)》和《课标(2022年版)》在语音知识内容方面都做了相关要求。

(一)《课标(2011年版)》语音知识二级标准

《课标(2011年版)》语音知识二级标准列举如下:

1. 正确读出26个英文字母;
2. 了解简单的拼读规律;
3. 了解单词有重音,句子有重读;
4. 了解英语语音包括连读、节奏、停顿、语调等现象。

(二)《课标(2022年版)》对语音知识内容的具体要求

一级语音知识内容要求为:

1. 识别并读出26个大、小写字母;
2. 感知字母在单词中的发音;
3. 感知简单的拼读规则,尝试借助拼读规则拼读单词;
4. 感知并模仿说英语,体会单词的重音和句子的升调与降调。

二级语音知识内容要求为:

1. 借助拼读规则拼读单词;
2. 使用正确的语音、语调朗读学过的对话和短文;
3. 借助句子中单词的重读表达自己的态度与情感;
4. 感知并模仿说英语,体会意群、语调与节奏;
5. 在口头表达中做到语音基本正确,语调自然、流畅。

二、自然拼读法概述

自然拼读法(Phonics)不仅是以英语为母语国家的孩子学习英语读音与拼词,增进阅读力与理解力的方法,还是以英语为第二语言的英语初学者学习发音规则与拼读技巧的有效方法。

自然拼读法的基本原理是教授、引导学生掌握代表英语44个基本音的字母和字母组合,即这些字母和字母组合在单词中的发音,而不是它们的名称音,如在自然拼读法中,辅音字母b代表[b],而不是读[bi:],元音字母组合ai、ay等代表[eɪ]。

绝大多数英语单词符合拼写和读音之间关系的基本规律,自然拼读法的目的是让学生看到一个英语单词就能读出来,或者想到一个单词就能按照规律拼写出来,即做到见形能读、听音能写。当然,这是历经大量词汇、语句、语篇学习和操练后形成的语音技能。

三、自然拼读法的优势

国际音标是传统的标音法,适合抽象思维能力强的青少年和成年人,音标是对具象声音的抽象理论总结,学起来会比较枯燥、难懂。相对于音标而言,自然拼读法是适合中小学生(包括学前启蒙阶段的学习者)的学习特点,拼读起来更为直观、有趣、难度小的一种英语语音的注音系统。

自然拼读的核心是建立字母(letter)与语音(sound)之间的对应关系,不用借助音标,看着字母就可以直接读出该词的发音,从语音规则、发音技巧、拼读方法上来解决单词不会读、不会拼的问题。

学生在熟悉这套规则后,可以依照读音猜出该词的拼写。学生学会拼读规则后,可以进行英语词汇拓展和语篇学习。

(一)轻松入门,难度低

自然拼读对初学英语的低年级学生来说有明显优势,是引导学生轻松学习英语、掌握英语语音学习规律的有效方法,也是培养学生英语学习兴趣和良好学习习惯的有效方法。例如,东阿县第二实验小学于2016年6月至2018年10月进行了"智慧教育"暨全国教育科学"十二五"规划2014年度国家一般课题"智慧学习环境的构建与应用研究"课题研究。其子课题为"点读技术支持下的小学生听说能力的培养",研究者把三、四、五年级设为课题实验班,开设了《小学自然拼读过关必备》上下册的实验教学,随着课题的不断深入,发现有趣的自然拼读法既增加了学生学习的趣味性和活力,也为学生的英语语音学习找到了一个有效的突破口。两年多的课题研究证明,小学阶段的大部分英语词汇都能运用自然拼读法规则轻松地读出来。自然拼读法能有效解决学生英语读音的拼读问题,英语语感较好的孩子更是爱上了英语拼读,从此逐渐喜欢上了英语学习。

(二)有效利用汉语拼音的正迁移作用

小学三年级的学生已熟练掌握汉语拼音,拼音朗读和阅读能力也已基本形成,汉语拼音中有众多音与英语的发音相似,教师可以利用学生已掌握好的汉语拼音的正迁移作用来助力学生的英语语音学习。教学中发现,有些语言学习能力较强、语感较好的学生尽管没有学习英语音标,但通过自己对已会读的单词音标的观察,联系汉语拼音,往往也会摸索出一套适合自身语音学习的有效方法。

例如,字母Bb在汉语中读"波"(此处用一个同音字代替),通过学习总结发现,在很多英语单词中,字母Bb的发音和拼音"b"的发音相同,如:baby [beɪbi]、beach [biːtʃ]、bear [beə]、book [bʊk];字母Gg的发音和汉语拼音中的"g"相同,如:good [gʊd]、great [geɪt]、pig [pɪg]、grass [grɑːs]。有些辅音字母无法直接迁移,但可以采用间接迁移法,如:去声转气法,口型一样,声带不振动,气流发出。由汉语拼音中的"k"到英语的[k];由汉语拼音中的"t"到英语的[t];由汉语拼音中的“ch”到英语的[tʃ]等。所以采用自然拼读法进行语音教学,同时利用汉语拼音对音素教学产生的正迁移作用,可有效地帮助学生掌握英语字母和字母组合的发音。

(三)快速记忆单词拼写的有效方法

自然拼读法已成为学生快速、简单、有效学习单词的一种方法。学生学习单词不再仅仅靠模仿老师的发音来记住单词的发音,还可以通过学习拼读方法和技巧,持续进行操练和总结归纳,由此对部分单词做到“见词能读、听音能写”。

在自然拼读语音教学研究的初级阶段,可先让学生自己拼读最简单的单音节词和较为简单的双音节词,再进一步理解、归纳和掌握英语拼写和读音之间的关系,并利用这些规律来建立“音、形、义”之间的联系,从而实现轻松速记单词、速读语句语篇的语音学习目标。

(四)培养语感,促进学生听说能力的发展

运用自然拼读法教学单词,能够帮助学生认识到单词是由一些单位(字母或字母组合)构成,也能让他们理解字母的音与形(甚至是音、形、义)的一致性。学生在掌握了英语字母的这种音形对应关系之后,能提高拼读与拼写单词的速度和效率。英语的拼读能力是阅读能力的基础,当学生拼读与拼写单词的能力熟练后,教师就可以很快地进行阅读教学,使学生在大量的阅读中扩充单词量,熟悉语法,培养语感,从而进一步促进听说能力的发展。

(五)培养小学生的英语阅读能力

小学高年级的学生可以借助常见词(sight words),利用自然拼读法重点提升阅读能力。通过大量的阅读,利用积累的拼读经验和词汇进行常识性阅读,进而扩大词汇量(vocabulary),逐渐减轻英语畏难情绪,逐步提升阅读的流利性(fluency)和理解能力(comprehension),最终达到阅读能力的提升。

四、拼读理念

自然拼读法是根据语言发音的自然规则归纳而成的一种发音学习方法,它是根据“字母”本身代表的“发音”,以及不同“字母组合”的发音,找出相同的音源,做有条理、有系统的整合而得到的一种学习方法。

44个基本音代表44个基本音的字母和字母组合(见表1-4)。英语中每个

字母并不是和所有的发音一一对应，但26个英文字母可以组成44个音素（发音），主要分为元音和辅音两大类。自然拼读法本质上是帮助学生建立字母/字母组合和发音音素之间的联系，进行单词的拼读。

表1-4 英语基本音

[a]	[ar]	[i]	[oi]	[u]	[ch]	[h]	[m]	[qu]	[t]	[x]
[ure]	[e]	[ai]	[oo]	[ur]	[d]	[j]	[n]	[r]	[th]	[y]
[air]	[ee]	[o]	[oo]	[ear]	[f]	[b]	[ng]	[s]	[v]	[z]
[ear]	[er]	[or]	[ow]	[k]	[g]	[l]	[p]	[sh]	[w]	[igh]

英语自然拼读法的发音规律、发音技巧都要经过大量的实际发音操练，并在语言发音实践中总结规律、形成技能。自然拼读学习中经常说到的"见词能读、听音能写"既是自然拼读法学习过程性的生成，也是自然拼读法学习的一个目标（见图1-1、图1-2）。

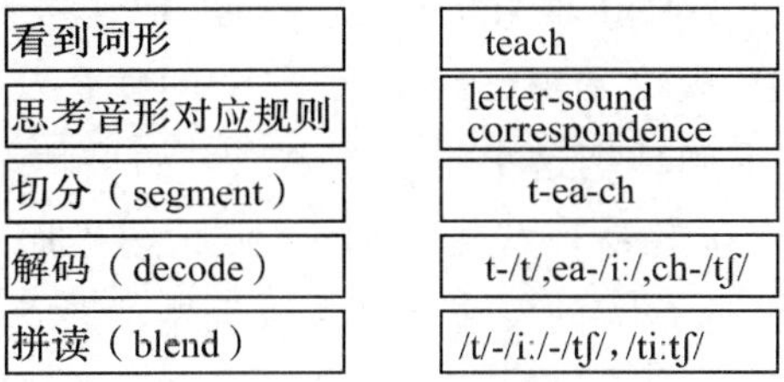

图1-1 "见词能读"拼读路径

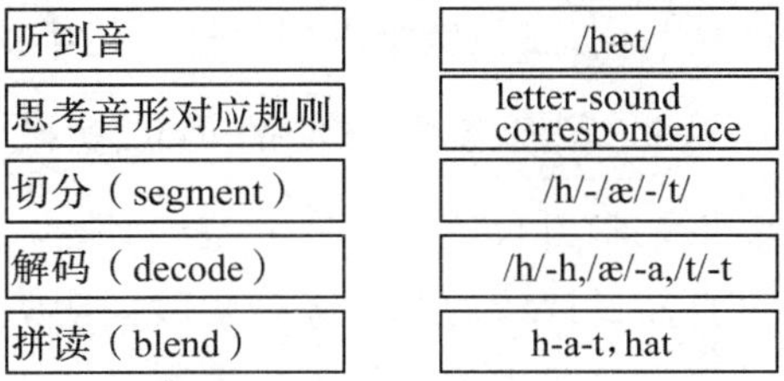

图1-2 "听音能写"拼写路径

五、学好自然拼读法的基础和前提

学习自然拼读法的最终目的是更好地阅读和应用，实现独立阅读。

（一）大量的听、读练习是学好自然拼读法的前提

学习自然拼读法的前提条件是要积极地进行大量的听、读、说练习。初学时，引导学生注意积累大量的听力词汇，并从中提升分辨、总结听读的能力。学生一旦能够轻松读出单词，那就将单词和大脑中已经积累、理解的音一一对应了起来，能印证、理解单词的含义，并能顺利将听力词汇转化为阅读词汇，达到学习自然拼读法的目的——阅读，由会听说变成会认读。如果没有经过大量的听力词汇积累训练，学生即使掌握了一些拼读规则，能够顺利将单词拼读出来，读完后也不知其意，这就是听力词汇积累不够造成的。如果没有足够的听力积累，学完自然拼读法即使能够做到“见词能读”，也不能理解词义，那么这些词就不能称为学习者真正意义上的词汇量。例如，学生已经掌握了“a”的发音及其在单词中的拼读规则，便可以轻松将that、apple、hat、cat等单词拼读出来，如果听力积累词汇包括这些单词，能读出来就能理解其意思，自然拼读法是把听过的词变成会读的词，不存在理解的问题。如果把这些词放在“That apple is in the hat.”这个句子中，因为学生已经掌握了“a”的发音及在单词中的拼读规则，所以可以利用规则准确地把这个句子读出来。如果学生的听力词汇中出现了这些词汇，他们就能很容易理解这些词汇的意思，进而理解整个句子的意思。再比如，学生已经掌握了“i”的发音及其在单词中的拼读规则，便可以毫不费力地将单词driver、like、write、Chinese kite拼读正确。如果把这些单词放在“The driver likes writing ‘Chinese kites’.”这个句子中，因为已经掌握了i的发音及其在单词中的拼读规则，所以可以利用规则正确地读出这个句子，但如果学生的听力词汇积累中没有这些词汇，他就难以理解这个句子的意思。

（二）自然拼读法的掌握需要一定的词汇量做基础

较大的听力词汇量是学习自然拼读法的基础，那么，掌握多少个听力单词/词组才算具备了学习自然拼读法的基础呢？实践证明听力词汇量较大的话，学习自然拼读法就容易得多。听力词汇量不足则容易产生上文论述的情况：能根据拼读规则读出来单词和句子甚至短文，但是却不知其意。听力积累词汇可以通过多听原版英文儿歌，适当看原版英文动画片、英文儿童电影，亲子共读原版分级读物和绘本等来实现，积累了丰富的听力词汇之后，再学习自然拼读法，才

会易学好用。

六、如何有效使用自然拼读技能

有效使用和巩固自然拼读技能可以遵循以下步骤:跟着老师和合适的教材学规则→学完规则做练习→读配套故事巩固规则→读分级读物(绘本)强化规则。

此处将进一步说明自然拼读最有效的训练办法——练。

第一步:先利用大量的示例单词练习拼读。比如,学完了教材第二级中关于ip的拼读规则后,可以列举ship、tip、skip、zip、gip等单词让学生做拼读练习,也可以同时做教材的配套练习册进行练习。

第二步:读自然拼读配套故事书(绘本)。学完每一个级别的教材,读相应级别和难度的自然拼读配套故事书(绘本),比如学完第一级,学生只能读与第一级的规则相匹配的自然拼读配套故事书(绘本);学完第二级,学生可以读涵盖了第一级和第二级规则的自然拼读配套故事书(绘本);学完第三级,学生才能读涵盖一、二、三级规则的配套故事书(绘本);直到学完教材涉及的第五级,学生就能读涵盖了一至五级所有规则的综合性的自然拼读配套故事书(绘本)。每一级学完,用适合本级难度的配套故事书(绘本)巩固规则、学习阅读,五级学完之后,再用综合性的自然拼读故事书(绘本)巩固规则、学习阅读,直到熟练掌握规则并能灵活运用。

第三步:阅读分级读物(绘本)。拼读规则掌握较好后,可以阅读下一阶段的阅读分级读物(绘本),分级读物(绘本)专门为练习拼读规则而设计,里面的词汇多样化、综合化,这对学生的阅读能力起到巩固和提升的作用,让学生把自然拼读知识真正运用到阅读中。学习自然拼读法的目的是阅读,而巩固自然拼读能力最有效的方法也是阅读。只有通过反复练习和运用,通过阅读来强化和巩固,自然拼读才会被牢固掌握,才会内化,从而服务于阅读。

七、如何避免混淆自然拼读法和拼音

初学者时常会有混淆自然拼读法和拼音的情况,但还是能够避免混淆。对于初学者来说,倘若先学拼音,把拼音学得非常熟练、清晰,再学自然拼读法,则两者的混淆程度就会轻一些,反之亦然。两者最好不要同时学,这样受影响程度要低得多。

学前儿童学习自然拼读法容易出现混淆,比如学汉语拼音r,他会读成英语

red中r的发音,学汉语拼音y,他会读成英语单词yes里y的发音。这种情况会经常存在,当发生混淆时,老师要及时告诉学生两者的区别,并明确在汉语拼音和自然拼读里的正确发音。

八、自然拼读法英语教学

(一)字母及字母组合读音教学

教师可以利用《小学自然拼读过关必备》(上、下册)让学生掌握代表英语44个基本音的字母和字母组合。这些字母音可分为两大类:辅音和元音。辅音包括单辅音(如p、d、k)、辅音字母组合(如ch、sh、th),元音包括短元音(如a、e、i)、长元音(如ai、ee、ie)和其他元音(如er、or、oi)等。

与中文母语习得理论一致,学好英语拼读和学好汉语拼音一样可以帮助学生学习单词,从而提高阅读及听说能力。首先教学生学会26个字母的字母音(letter name)及其在单词中的发音(letter sound)和简单的拼读规律,其次教字母组合的发音和复杂一点的拼读,最后过渡到多音节的拼读。

(二)拼读教学

当学生掌握了一组字母音后,就可以进行拼读教学了。拼读教学是培养学生"见词读音"能力的基础。学生能够流利地拼读单词,对其日后的阅读和口语能力的提升将有很大的帮助。

为了给学生提供更多练习拼读的机会,教师可利用已学的字母组成单词,在黑板一角设立"每日英语"(Daily English),也可让学生自己总结后进行小组交流、分享,再由教师总结、指导。教师可定期抽查并进行评价。

(三)拼写教学

拼写教学一般可分为三个步骤。第一步,听音。教师以先慢后快的语速说出一个单词,重复几次,目的是让学生听清单词中所含的音素。第二步,辨音。教师以提问的方式引导学生辨明并说出单词中含有的音素,如:第一个音是什么?第二个音是什么?最后一个音是什么?第三步,写音。当学生能正确说出单词中含有的音素后,教师则开始指导学生把听到的音转变成形,写下来。

对于低年级的学生来说,阅读应从辨认单词到句子阅读,再过渡到一些简易故事的阅读。例如,学了Aa的常见音后,就让学生整体认读单词apple;学完第一组字母(s、a、i、t、n、p)后,就可以指导学生根据读音来朗读"It is an apple. It is a hat."等句子,并利用图片或实物来导入句子的意义。此外,还可以编写一些押韵的句子,让学生朗读,例如"A dog and a frog are on a log. A big bag is on a dog. A cat has a hat. A sad dad has a cap."等。这样,学生不仅能内化英语拼写与读音的对应规则,还能将单词的形、音、义结合在一起,更能激起持续学习英语的兴趣和信心。

综上所述,自然拼读法对于培养学生的拼读、听说和阅读能力有重要意义。作为小学英语教师,既要重视自然拼读法的教学,积极探索自然拼读法在教学中的有效应用,又要引导学生接受并喜欢自然拼读法,提高单词记忆的效率,提升英语的学习效果。

第四节　语音知识(三)——英语常用语音名称解释

前文强调语音的重要性并不是唯语音而论。英语的学习需要听、说、读、写等综合学习,因此在重视学习语法结构、词汇和语篇的同时,不能忽视语音的教与学,而要学好语音,使之更好地助力英语的教和学,如此就离不开对"常用语音名称"的了解和掌握。

一、英语常用语音名称

(一)语音单位及分类解析

1.音素

音素(phoneme)是根据语音的自然属性划分出来的最小语音单位,是单纯的发音单位,不具有辨义功能。

2.元音

元音(vowel),又称"母音",是音素的一种,与辅音相对。元音是在发音过程中由气流通过口腔而不受阻碍发出的音。

3.辅音

辅音(consonant)是发音的时候,从肺里出来的气,经过口腔或者鼻腔时受到阻碍形成的音,也叫"子音"。辅音依元音而存在,辅音与元音配合,产生音节,组成语言的多样化发音。

4.元音和辅音分类基本原则

依据气流从肺部呼出的时候是否受发音器官的阻碍而分为元音和辅音。

(1)元音分类

元音:在发音时,气流不受任何发音器官阻碍的音位。元音分为以下四类。

双元音:[aɪ][aʊ][eɪ][eə][ɪə][əʊ][ɔɪ][ʊə]。

长元音:[iː][ɑː][ɔː][uː][ɜː]。

短元音:[ɪ][e][æ][ʌ][ɒ][ʊ][ə]。

半元音:[j][w]。

(2)辅音分类

辅音:相对于元音而言,在发音时,气流在口或咽头受到阻碍而形成的音。发辅音时气流受到发音器官的各种阻碍,声带不一定振动,不够清晰响亮,主要依靠阻碍发出。

按声带振动分为清辅音和浊辅音。发音时声带不振动、送气的叫清辅音;发音时声带振动、不送气的叫浊辅音。

清辅音:[p][t][k][f][s][ʃ][θ][tʃ][ts][tr]。

浊辅音:[b][d][g][v][z][ʒ][ð][dʒ][dz][dr]。

按发音方式分为以下六种。

爆破音:[p][b][t][d][k][g]。

摩擦音(发音时由发音器官造成的缝隙使气流产生摩擦发出声音):[f][v][s][z][ʃ][ʒ][θ][ð][h][r]。

破擦音(塞擦音/破裂摩擦音,由一个爆破音+一个摩擦音组成):[tʃ][dʒ][tr][dr][ts][dz]。

鼻音:[m][n][ŋ]。

舌侧音:[l]。

半元音(具有元音的语音特性,但起辅音的音系作用的非音节音段,通常是个滑音):[j][w]。

根据发音部位,辅音可分为以下八种。

双唇音:[p][b][m][w]。

唇齿音:[f][v]。

舌齿音:[θ][ð]。

齿龈音:[t][d][s][z][m][n][r]。

硬颚音:[ʃ][ʒ][tʃ][dʒ][j]。

软颚音:[k][g]。

鼻音:[m][n][ŋ]。

舌侧音:[l]。

(二)音节及音节划分

1.音节

音节(syllable)是以元音为主体构成的发音单位,一般说来元音发音响亮,可以单独构成音节;辅音发音不响亮,不能单独构成音节(辅音[m][n][l]例外)。

2.音节划分的基本原则

在英语中元音发音响亮,一个元音音素可以构成一个音节,一个元音音素和一个或几个辅音音素结合也可以构成一个音节。

辅音音素含有4个发音响亮的辅音:[m][n][g][l]。它们是响音,和辅音音素融合,也可以构成音节。它们所组成的音节通常出现在词尾,一般是非重读音节。在两个音节的相邻处有两个辅音字母时,一个辅音字母属于前面的音节,另一个属于后面的音节,如let-ter、mem-ber、chil-dren、daugh-ter。

英语词汇中,含有一个音节的叫单音节词,两个音节的叫双音节词,两个以上的叫多音节词,如cake、bag、food、mouth是单音节词,table、farmer、mother、sister是双音节词,television、computer是多音节词。

相邻处只有一个辅音音素时,则辅音因素属于后面一个音节,如pa-per、stu-dent、fa-ther、ze-ro、mo-tor、far-ther。

音节会从连续的两个辅音字母中间分开,如run-ner、mid-dle、lit-tle、swim-ming(注意:ch、tch、ck、ph、sh、th这些辅音组合是不可分开的)。

当英语单词的结尾出现"辅音＋元音＋辅音＋e"或者"元音＋辅音＋e"时,即e不发音的情况下,这类组合都是一种独立的音节,如in-side。

前缀和后缀通常都自成一个音节,如un-happy、happi-ness。

3.以-s/-es/-ed结尾的单词发音规则

以-s结尾,如bags,字母s发一种音,不构成音节。

以-es结尾,如watches,字母es构成独立的音节。

以-ed结尾,如-ed加在以t/d结尾的单词后面,发[-ɪd],构成一种音节,拼写时可单独划分为一个音节,其他情况下不算是一个独立的音节。

4.以-le结尾且-le前面有一个辅音字母的单词音节划分规则

以-le结尾的单词,且-le前面有一个辅音字母,则这个辅音字母一般划分给右边这个音节,如ta-ble、un-cle、peo-ple、ap-ple。

5.两个元音和半元音字母组合发的是一种元音或双元音,划分音节规则

如果两个元音和半元音字母组合发的是一种元音或双元音,划分音节时不能将其分开,要划在一起,如naugh-ty、Sep-tem-ber、geo-gra-phy、won-der-ful。

6.重读音节

单词中读音特别响亮的音节为重读音节。用音标标记双音节、多音节词的读音时,应使用重读符号。单音节词多数是重读音节,标记读音时不需要使用重读符号。

7.开音节

绝对开音节:单个元音字母后面没有辅音字母的重读音节,如no、blue、ba-by、stu-dent、se-cret。

相对开音节:单个元音字母后面加单个辅音字母,再加一个不发音字母e构成的重读音节,如name、these、bike、home、ex-cuse。

8.闭音节

单个元音字母后面有辅音字母(r、w、y除外)且以辅音字母结尾的重读音节,如bag、egg、fish、not、cup。

(三)语流、节奏群及意群的划分原则

1.语流

语流是一连串有连贯意义的语音过程或结果。

2.辅音连缀

辅音连缀是指两个或两个以上的辅音相邻。

3.单词重音及重音符号

双音节和多音节词中常常重读一个音节,其他音节读轻音。遇到生词,有音标的当然可以明确其读音,但在无音标的情况下,如何判断哪个音节要重读;受英语词源、构词、例外情况等因素限制,不可能将每个生词都读得完全无误,只能掌握一般规律。

重音口诀:

为了顺口有节奏,张口由大变到小(省气力),

大口长音多重读，还要保持身平衡（整个单词发音），

特别写法长又多（特别写法是很长的多音节词），倒数第三多琢磨。

（一般是）前轻—中重—后又轻，哪儿平顺哪（儿）读重。

4.句子重音

英语单句中的实义词的重读音节长而响亮。重读实词，即名词、形容词、副词、实义动词、数词、疑问词和感叹词。不重读虚词，即冠词、介词、连词、助动词、情态动词。

5.逻辑重音

句子的重音总是要表现说话人的思想和他所表达意思的重点，有时为了强调，句子中几乎任何词都可以有句子重音，包括一些通常没有句子重音的词，这种依说话者意图重读的音就是逻辑重音。如：Did you tell my **father**? 重读“father”强调“father”，你要告诉我**父亲**吗？Did you tell **my** father? 重读“my”强调“my”，你要告诉**我的**父亲吗？Did **you** tell my father? 重读“you”强调“you”，**你**要告诉我的父亲吗？

6.英语的节奏

英语语流中声音的轻重、缓急、长短按一定的规律自然结合，形成英语语音的节奏（rhythm）。在朗读或说话时，重读音节要读得重些、长些、慢些；非重读音节则要读得轻些、短些、快些。如“She practises singing every morning.”这个句子中共有9个音节，其中prac-、sing-、eve-、mor-是重读音节，在朗读或说话时应读得重些、长些、慢些（读得清楚、响亮一些）；She、-tises、-ing、-ry、-ning是非重读音节，在朗读时要轻些、短些、快些。这种自然形成的轻重、快慢、长短的交替就构成了英语中的基本节奏。英语的句子重音是形成英语节奏的基础。语句中每个重读音节的前后都可以有一个或多个非重读音节。

7.英语的节奏群

英语的节奏群指以一个重读音节为核心，加上前后可能出现的非重读音节而构成的语音单位。重读音节是节奏群的主体，即每个节奏群都有一个重读音节。重读音节前面的非重读音节是节奏群的附属成分，应读得快、短，尽量少占用该节奏的时间；重读音节后面的非重读音节是节奏群的成分，应与重读音节分摊该节奏群的时间。如“I was in the park yesterday.”这个句子包含两个节奏群：第一个节奏群的核心是“park”，而“I was in the”是它的附属成分；第二个节奏群的核心是“yesterday”，“I was in the”应读得尽量快，读“park”的时间长度跟“yesterday”大致相等，“yesterday”有三个音节，而“park”只有一个音节，所以读

或者说“yesterday”比“park”快些。因此，整个句子的节奏为：“I was in the”最快，“yesterday”次之，“park”最慢。

8.节奏群的划分

同一个词的重读音节和非重读音节(不论有几个非重读音节)，都属于同一个节奏群。如“He is going there to′morrow. She will get a com′puter.”这两个句子，第一句中“tomorrow”有一个重读音节和两个非重读音节，三个音节属于同一个节奏群；第二句中“computer”有一个重读音节和两个非重读音节，三个音节属于同一个节奏群。

与重读音节不在同一词的非重读音节，根据它们和重读音节的语法关系的疏密来划分。如“Take them for a ‘run’.”，them跟take同属一个节奏群，for和a跟“run”同属一个节奏群。像“Why ′not ′go?”这样三个重读音节连续出现的现象比较少，但为了符合轻重音节交替出现的规律，一般是中间的音节失去重音，这就是所谓的“三音节规律”。

9.节奏训练的有效方法

英语节奏训练有多种练习法，最常用的是打拍子。英语是一种重音节拍语言，英语句子由一个或多个节奏群构成，其节奏特点是以重音计时，即重读音节与非重读音节有规律地交替出现。不论重读音节之间有无非重读音节和有多少非重读音节，重读音节之间的时距大致相等。朗读每个节奏群所用的时间长度就像是音乐中的一个节拍。如“It’s a difficult question. It’s a red pen.”，这两个句子都有两个重音，所需时间大致相等，即读完两个句子的时间长度大致相等。由于前一个句子有七个音节，后一个句子有四个音节，因此前一句的语速要比后一句快些。语速差别主要表现在前一句的两个词“difficult”“question”和后一句的“red”“pen”两个词上，虽然前两个词“difficult”“question”有五个音节，“red”和“pen”只有两个音节，但读前后两个词所需的时间大致相等，因此读“difficult”“question”要比读“red”“pen”快些。

下面列举一些常见的英语语句节奏类型：

一个节奏群构成的句子，如“She’s cute. I’m a teacher. That’s a bird for you.”。

以上各句都只有一个重读音节，每句的时间长度都是一个节拍，因此朗读每句的时间长度大致是相等的，即朗读非重读音节少的句子速度要慢些，而非重读音节多的句子，朗读的速度就快些。

两个节奏群构成的句子，如“I want to swim. I want you to swim. I want you

to swim with me."。

以上各句都只有两个节奏群，因此朗读或说每句都是两个节拍的时间长度。

10. 英语语调群

语调群(tone group)又被称作"语调单位"(tone unit)，是语言中语调的基本单位。一个语调群相当于一个意群，由一个重读音节和若干个非重读音节组成。每个语调群中至少有一个响亮音，最响亮的高峰音称为语调单位的核心，即语调开始起变化的那个音节。语调单位通常由几个词组成，也可以只含一个重读音节。完整的语调群由以下五个部分组成：调冠(prehead)、调头(head)、调身(body)、调核(nucleus)、调尾(tail)。如下列长句或复合句的读或说，往往划分成调群来处理。

You can see many little kids/playing games/in the beautiful park/every morning.

My wife/met your daughter and her boy friend/at the theater/that day.

语调群的划分也会根据说话人当时的状态、情感态度、语速以及朗读习惯等因素有所差异，包括句子总体的升降调。

11. 降调

降调的基本意义：讲话人对所讲的内容肯定无疑，所表达的意思是完整的，语法结构是独立的。

降调的基本用法：直截了当的陈述句；特殊疑问句；祈使句表命令；选择问句；反意疑问句(肯定)；从句前面的主句；非限定性定语从句的先行词；非限定性同位语的先行词；强烈情感的感叹词；有言外之意的一般疑问句；修辞性疑问句等。

12. 升调

升调的基本意义：讲话人对所讲的内容不是很肯定，所表达的意思往往是不完整的，语法结构通常不独立。因此升调主要用于短语后面，也常常用于句中不完整的部分后面。

升调的基本用法：一般疑问句；反意疑问句(不肯定)；选择疑问句的第一部分；句首状语；列举的人或事；祈使句表请求时；陈述句加问号时；言外之意的陈述句；问候或警告等。

13. 降升调

降升调的基本意义：降调和升调功能的结合。讲话人对所说内容比较肯定用降调,但忽然又改变了主意,保留了一部分意思,语调转为升调,往往包含言外之意。

降升调的基本用法:降调落在重要的词上,升调落在次要的词上;句首、句中的言外之意,对比时第一个词用降调,第二个词用升调。

14. 停顿

停顿的作用:呼吸换气;更清楚、更有条理地表达思想;便于对方听清楚并更好地理解讲话内容和表达的意愿。

停顿的原则:可以根据阅读或者句子的长短情况进行停顿。意群是英语句子停顿的参照,同一意群的各个单词是不能停顿的,应一次性全部读完,以保障整体意思的完整性,便于听者能够完整地理解说话人的意思。

如:①I did not see Mary/at the party.

②The Yangtze River is the longest river/in our country.

③A child begins/to speak English/loudly.

同时应该引起注意的是意群跟意群之间并不是一定要停。如上面的①和②就可以不停顿,③可以少停顿一次(A child begins to speak English/loudly.)。为了进一步说明英语句子停顿知识,现列举以下例句。

①下列句子可分为两个意群。

We study hard/for our country.

I like coffee/but I don't like tea.

I don't know/what to say.

②下列句子可分为三个意群。

I will be glad/to meet you again/next year.

He said/that he would do better/in his English study.

③下列句子可分为四个意群及以上。

We worked/with the workers there/and learned a lot/from them.

I love waking up/in the morning/and not knowing/what's going to happen/or who I'm going to meet.

(四)意群

1. 意群的概念

意群(sense group)其实是概念的组合。概念并不是无序的组合,而是根据一定的关系组合在一起,所以意群和单个概念相比,更包含了关系。

意群是一个稍长的句子分成的具有一定意义的若干短语或段落。说到意群则离不开“停顿”和“连续”,“停顿”在前面刚刚表述过,在此不再赘述。“连续”是在一个意群内进行的,它是在说话较快时自然产生的一种语音连续现象。

2.意群的划分

意群的划分符号通常用“/”。英语意群划分方法:意群在句子中具有语义、语法和语调三种特征。现将句子划分意群的一般原则归纳如下。

(1)名词词组

①冠词+名词,如:a country、an orange、the mountain。

②名词+名词,如:Miss Li、Mr White、Tower Bridge。

③指示代词+名词,如:this book、that man、those flowers。

④形容词+名词,如:naughty bird、big house、naughty boy。

⑤作形容词用的名词或分词+名词,如:New Year's Day、the running girl、raining day。

⑥数词+名词,如:thirty-two books、first time、one dollar。

⑦数词+数词,如:two hundred and twenty-three、one by one、five twenty。

⑧不定代词+名词,如:some milk、any people、all pupils。

(2)介词短语

如:from now on、at first、in front of。

(3)副词短语

①副词+介词短语,如:early in the morning、far into the night、slowly on his way home。

②副词+动词或动词+副词,如:quite understand、clearly know、study hard、come out。

③其他副词短语,如:much better、next one、before class。

(4)动词词组

如:take a rest、have a meeting、get ready for。

(5)系动词+表语

如:be at school、look good、sound nice。

(6)主语+谓语

这种句型用于简短语句时,一般划分为一个意群。如:

He stands up.

They are very happy.

We went there.

(7)主语+谓语+宾语

这种句型用于简短语句时,一般划分为一个意群。如:

I can speak English.

He gave me a book.

He told me a story.

(8)简短的名词性从句

如:That he will come here/is certain.(主语从句)

This is/how he studies English.(表语从句)

He told me/where I could find my book.(宾语从句)

(9)简短的定语从句

如:This is a factory/that makes cloth.

He is the man that I saw yesterday.

The boys who are playing football are from China.

(10)简短的状语从句

状语从句可以放在句首或句末。状语从句放在句首时,从句后通常要用逗号;放在句末时,从句一般不用逗号,每个简短的状语从句分为一个意群。如:

I waited/till he came back.

He can't come/because he is ill.

We worked fast/so that we finish our plan.

意群一般要根据上下文、基本意义来划分,可以短语为单位。如:

Last Sunday evening, most of my classmates went to Christmas party held by Mr. John.

如果根据意群,朗读时可以按照下列方式在意群之间稍微停顿一下。如:

Last Sunday evening, most of my classmates/went to Christmas party/held by Mr. John.(Last Sunday evening是时间状语,most of my classmates是主语,went to Christmas party是谓语,held by Mr. John是定语。)

再如:

During the Spring Festival, as a rule, the Chinese people have a get-together or visit friends.

如果根据意群,朗读时的停顿应该是:

During the Spring Festival,/as a rule,/the Chinese people/have a get-together/or visit friends.

3.意群在读、背和记忆方面的优势

划分意群可以避免学习者按照中文思维模式来学习英语，有助于纠正或避免中式英语。可以增速阅读，将阅读方式从“点状阅读”变为“线状阅读”，再变为“面状阅读”，由此可以使阅读速度提高数倍。可以更好地体现英语语言的节奏和韵律美，听者更能准确把握语言使用者传达的意义。可以培养学习者重理性、重分析、重形式、重整体性的英语思维。

二、英语语音教学的理论依据和重要性

（一）新课标对小学英语语音教学提出了明确的要求

1.《课标（2022年版）》关于语音的教学要求说明

语音是语言教学的重要内容之一。自然、规范的语音和语调将为有效的口语交际奠定良好的基础。

语音教学应注重语义与语境、语调和语流相结合，通过有意义的语言输入，引导学生在感知、理解语言的基础上，体会语音的表意功能，发现并归纳语音规则。教师应为学生提供大量听音、模仿和实践的机会，帮助学生形成语音意识。

2.《课标（2022年版）》对小学英语语音教学内容的明确说明

基本读音：26个字母的读音；字母在单词中的基本读音。

常见的元音字母组合在单词中的读音，如：ee、oa、ou等。

常见的辅音字母组合在单词中的基本读音，如：th、sh、ch等。

常见的辅音连缀的读音，如：black、class、flag、glass、plane、sleep、bright、cry、sky、small、speak、street、spring、screen、programme、quiet等。

失去爆破，如：picture、blackboard等。

重音：单词重音和句子重音。

意群：连读和弱读。

语调和节奏：语调（升调、降调）和节奏。

（二）良好的语音素养是小学英语教师的必备专业素养

一般说来，语言都是先有声音后有文字，语言的学习过程都是先听说后读写。英语同样如此，语音是学习英语的基础，也是这一语言的重要表现形式。

语音、语调是小学英语教学中的重中之重。要想培养学生良好的语音、语感，必然要求小学英语教师具备良好的语音素养。学生的年级越低、年龄越小，教师在语音方面对学生的影响力越大。另外，从儿童心理发展特点来看，儿童

在小学阶段模仿力极强，而小学生较好的英语语音、语感的形成则是通过模仿标准发音习得的。

（三）语音教学是教师必备的专业技能

《课标（2022年版）》对不同阶段学生应具备的核心素养综合特征做出明确规定。现节选列举如下。

3~4年级：

能在教师指导和帮助下完成学习任务，能理解日常生活中熟悉的简单语言材料，开始产生语感；能用基本的、简短的语言与他人交流，描述身边熟悉的事物。

5~6年级：

能在教师引导和启发下完成学习任务，能理解日常生活中常见的简单语言材料，初步形成语感；能围绕相关主题，用所学语言进行交流，表达自己的想法，实现基本的沟通与交流。

7~9年级：

能理解日常生活中的简单语言材料，有一定的语感；能在日常生活或一般社交场合中用所学语言与他人交流信息，表达自己的观点和情感态度。

从教师层面分析，从核心素养综合特征不同阶段的要求来看，无论是3～4年级的教师的“指导和帮助”，还是5～6年级的“引导和启发”，都要求教师具备扎实的专业知识和素养。

从学生层面分析，从3～4年级的“开始产生语感”到5～6年级的“初步形成语感”，对学生语感能力的要求的进阶，要求教师必须具备和不断丰富扎实的语音知识储备，持续提高真实过硬的语音教学和运用能力。

三、提升教师语音素养和专业技能的途径

（一）知其重而方为学

英语作为一门语言学科，学习的终极目的是更好地独立阅读和交流实践。词汇是语言的基本单位，而语音是语言的灵魂。

语音教学理应贯穿于整个英语学习过程中，从学生接触英语起，教师就应当持续注重其语音的准确性和规范性，采取有趣的、科学的、适宜的教学方法。

教师要熟知《课标（2022年版）》中一级、二级目标的所有内容和要求，采用

适宜的教学方法和策略，语音教学同样如此。小学英语教师必须具备标准、优美的口语表达能力，如果教师本人的发音有所欠缺，就会直接影响学生的语音学习效果。因此，教师在平时的工作中需注重持续学习，练好个人的语音基本功。

《课标(2022年版)》对于教师的教学提出了更为严谨、全面的要求，其中，语篇方面要求教师以语篇研读为逻辑起点开展有效教学设计，充分认识语篇在传递文化内涵，引领价值取向，促进思维发展，服务语言学习、意义理解与表达等方面的重要作用。语音教学、启迪性引导和知识拓展则为学生的语篇学习和能力发展奠基铺路。

(二)得方法者得课堂

1.提趣增效

教师要不断激发学生的英语学习兴趣，逐渐消除他们对英语的畏难感，这将直接提高英语课堂教学效率。

方法一：教师备课设计的各项教学任务要保证绝大多数学生都能完成，同时兼顾差异，让每个孩子在每一节课中都有所收获，消除对英语的畏难感，让每个学生勇敢地悦纳英语，形成良好的英语学习思维。

方法二：教师要发挥自身的示范和引领作用。课前调整好自身状态，精神饱满，充满自信和激情，用最佳状态去感染每一位学生，调动学生积极的学习状态。

方法三：接受差异，兼顾差异。无论什么样的班级，学生之间都会有差异，关键是教师如何对待差异。教师要心存公平心、责任心、爱心来对待班里的每一位学生，教师的目光要巡视到每一位学生，让每一位学生都感受到老师的关爱，让每一位学生都有参与学习活动的机会，尤其是性格内向的学生。

2.有“备”而来

备课是教学过程中十分重要的环节。要想上好课，就得备好课。

方法一：注重语篇教学。教师要提前熟悉文本内容，结合学生的实际情况，确定重难点。针对语篇实际要求，教师应设置适合不同层次学生需求的问题。

方法二：备操练内容。在备核心知识的操练内容时，教师要精心选择与学生认知相匹配且能考查学生习得能力的练习题。把“以讲为主”变为“以练为主”，学生通过人人参与的练习，实现从“听众”向“参与者”、从“偶尔练”到“全程练”的转变，达成以学生为学习主体的教学角色的转变。

方法三:备课堂。课堂是备课的实践和检验,备课越细致、充分,课堂就越顺畅、高效。首先,确定教学目标和学生的学习目标。其次,以学生为主体,调动学生学习的积极性和主动性。切忌因个人因素和个别学生作业等问题影响或耽误正常的教学进度。再次,教学中采用适宜的教学方法或学习活动,既要顾及学习能力强的学生,又要兼顾学习暂时落后的学生。最后,备课堂应急情况处理。多数课堂能够按照所备内容顺畅进行,但也不乏例外情况,这就要求教师在备课时设置例外情境处理,并准备应急策略。

3.巧设作业

作业可以检验和巩固学生对课堂知识的掌握程度。教师还可以在作业中发现学生学习中存在的诸多问题。因此,无论是"双减"背景下的作业布置新要求,还是直接对接学生素养,都要求英语教师责无旁贷地提质作业。

方法一:以学生为主体,兼顾全体、关注个体的原则,根据学生掌握知识的不同程度,对应不同层级的作业。如果作业过难,学生会失去兴趣;过易,则达不到检测的效果。

方法二:作业布置切忌抽象和笼统,要具体化。学生不但要清楚作业要求,还要知道作业应该完成到什么程度。例如,布置读写作业,是要求会写,还是略读、精读、熟读或背诵。再比如,习题作业,布置时要附上作业要求(认真书写、独立完成等)。

方法三:对布置的作业要做到有检查、有反馈、有评价。习题最好是全批全改,即使没时间全阅,也要收取一部分学生的作业检查,主要看他们是否认真完成,以便发现问题,及时反馈,尽早解决。对于易错题可重点讲解,对于不该出错的,则应个别指导纠正。评价方面要提前设好评价的标准(可以提前准备好作业的评价量表)。

第五节　语音知识(四)——常见、常用拼读规则

英语学习语音就如同中文学习拼音,只有掌握好拼音,遇到生僻字才可以知晓其读音。同样,学生掌握了英语常见、常用拼读规则,对于拼读单词、阅读语句和语篇就能起到事半功倍的效果。

一、字母及字母组合的发音拼读规则

（一）字母c的发音

c在ce、ci、cy组合中读[s]，如：nice、city、cent、bicycle、circle。

c在非重读音节ce / ci+元音字母中发[ʃ]，如：ocean、social、delicious。

c与h在一起通常读[tʃ]，如：chick、chicken、teacher。

c在大部分单词中（包括c与k在一起以及c在单词末尾）读[k]，如：cat、cold、cute、car、music、traffic、gymnastic、picnic、duck、pick、luck、chicken。

（二）字母g的发音

g在e、i、y前面通常读[dʒ]，如：gentle、gentleman、giant、giraffe、gym。特例有：get、give、gift。

g在大部分单词中（包括g在单词末尾）读[g]，如：gate、go、goat、fog、frog。

dge或ge在单词末尾读[dʒ]，如：bridge、judge、orange、large。

（三）一般情况下，元音字母a、e、i、o、u的发音

1.元音字母a、e、i、o、u发字母音（就是字母本身的发音，分别是[eɪ][iː][aɪ][əʊ][juː]）

a+一个辅音字母+e，a-e通常读[ei]，如：cake、name、lake、take、wake。特例有：have，a读[æ]，e不发音。

e+一个辅音字母+e，e-e通常读[iː]，如：Chinese、piece、these、complete。

i+一个辅音字母+e，i-e读[aɪ]，如：five、nine、like、line、side、Mike、hide、time、drive。

o+一个辅音字母+e，o-e读[əʊ]，如：home、hole、hope、close、rose、rope、those、drove。

u+一个辅音字母+e，u-e读[juː]，如：cube、cute、huge、use、refuse。

2.元音字母的其他发音

a读[æ]，如：bad、dad、hat、had、sad。

a在w、wh后，多数情况下发[ɔ]，如：wallet、want、was、wash、watch、what。特例有：在water中发[ɔː]。

a在sk、ss、st、th前，多数情况下发[aː]，如：ask、basketball、father、bath、class、grass、glass、past。特例有：math，a发[æ]；gather，a发[æ]。

e发[e]，如：bed、get、hen、ten、send。

i发[ɪ]，如：it、bit、his、hit、sit。

o发音[ɔ],如:dog、fog、hot、got、pot。

o在m、n、th、v前一般发[ʌ],如:come、become、some、another、brother、mother、nothing、other、above、cover、glove、love、month、money、monkey、donkey、son、ton、honey、one、everyone、onion、once。特例有:Tom[tɔm]、woman['wumən]、women['wɪmɪn]。

o在ld前通常发[əʊ],如:old、hold、mold、sold、told。

oo一般发[u]或者[u:],如:book、good、took、look、boot、food、school。特例有:flood、blood。

u发[ʌ]或者[u],如:mum、bug、bus、but、cut、put、push、pull。

(四)字母组合gh、ph的发音

gh、ph发[f],如:cough、laugh、phone、photo、photograph。

(五)字母y的发音

y在词首读[j],如:yes、yellow、yet、year。

y不在词首时有两种读音:[aɪ]和[ɪ]。

在不含元音的单词中常发[aɪ],如:by、cry、fly、fry、my、shy、sky、try。特例有:gym[dʒɪm]。

在含有元音的单词中常发[i],如:carry、cloudy、happy、hurry、snowy、sunny、windy。特例有:July(y发[aɪ])。

以y结尾,在表示"使……"或"让……,使得……化"的动词中读[aɪ],如:terrify。

(六)字母q的发音

q在qu组合中发[kw],如:quick、quite。

(七)字母s的发音

在s为倒数第二个字母的动词中,若s在元音字母和不发音的字母e之间,s读[z],如:close、raise。

在s为倒数第二个字母的名词或形容词中,若s在元音字母和不发音的字母e之间,s读[s],如:case、house。

s在两个元音之间往往读[z],如:season、prison。

s在非重读音节ia前读[ʃ],如:Russian。

s在sion组合中,若该组合前面是元音,则s读[ʒ],如:decision。若该组合前面是辅音,则s读[ʃ],如:discussion。

s在非重读音节的词尾sure中,若s前面是元音,则s读[ʒ],如:pleasure。

若s前面是辅音，则s读[ʃ]，如：pressure。

在重读音节su中，s读[ʃ]，如：sugar、sure。

动词或名词加s时的读音规则：

①词尾是清辅音时，加上去的s读[s]，如：lamps、likes。

②词尾是浊辅音或元音时，加上的s读[z]，如：plays、pigs。

③在词尾发[ʃ][ʒ][s][z][tʃ][dʒ]的情况下，在词尾加上s或es时，s/es发[iz]。如：praise+s⇨['preɪzɪz]、page+s⇨['peɪdʒɪz]、glass+es⇨[glaːsɪz]、wash+es⇨['wɒʃɪz]、catch+es⇨['kætʃɪz]。

(八)字母t的发音

t在非重读音节中，且在ia、ie、io之前，t读[ʃ]，如：partial、patient、nation。

(九)字母x的发音

x在一般情况下发[ks]，如：fox、text、textbook。

x在重读音节且在元音之前，发[gz]，如：exam、exact。

二、不发音字母及字母组合的拼读规则

(一)单词中不发音字母的拼读规则

b在以mb结尾的单词中一般不发音，如：climb、comb、bomb、lamb、limb、thumb、tomb。

注意：在member、number、umbrella中，b是发音的，因为mb不在单词的末尾。

b在t前面一般不发音，如：doubt、debt。

c在s后面一般不发音，如：scissors、science、scientist、scene。特殊情况：screen、scan。

k在n前面一般不发音，如：know、knew(know的过去式)、knit、knife、knee、kneel。

gh在t前通常不发音，如：bought(buy的过去式)、brought(bring的过去式)、caught、daughter、eight、fight、height、light、might、straight、right、thought、weight。

gn/gm在词首或词尾时g不发音，如：design、resign、sign。

注意：在单词中间时g发音，如signature、signpost。

h通常不发音。具体情况列举如下。

①h在词首(一般是在o前面)时不发音，如：honest、honor、hour、heir。

②h在词尾，如：oh。

③h在词中,如:vehicle、John。

④h在gh/rh/th/wh组合中不发音,如:ghost、rhyme、rhythm、Thailand、Thai、what、wheat、white、why。

⑤h在ex之后,如:exhibition。

mn组合在词尾,n通常不发音。如:autumn、column、solemn。

t在s后面一般不发音,如:listen、Christmas、castle、hustle、whistle、fasten。

w在wr/wh组合中不发音,如:wrong、write、wrist、who、whose、whom。

u在字母g后不发音,如:guitar、guess、guest、guide。

(二)常见单词中一些特殊的不发音字母

d在handsome、Wednesday中不发音。

p在cupboard中不发音。

s在island、aisle中不发音。

t在often、soften中不发音。

w在answer、sword、two中不发音。

第二章　语音与词汇

第一节　语音及词汇学习的意义与重要性

一、新课标对语音及词汇学习目标的要求

《课标(2022年版)》围绕核心素养,体现课程性质,反映课程理念,确立课程目标。英语课程要培养的学生核心素养包括语言能力、文化意识、思维品质和学习能力等。《课标(2022年版)》又把这一总目标具体到各学段,并做了相应的描述。英语课程内容由主题、语篇、语言知识、文化知识、语言技能和学习策略六要素构成,语言知识包括语音、词汇、语法、语篇和语用知识。本节将《课标(2022年版)》对语音知识和词汇知识内容的规定列举如下。

(一)语言能力学段目标——语音、词汇目标

3~4年级(一级)语言能力学段目标中的语音、词汇目标为:

感知与积累:能感知单词、短语及简单句的重音和升降调等;能有意识地通过模仿学习发音;能大声跟读音视频材料;能感知语言信息,积累表达个人喜好和个人基本信息的简单句式;能理解基本的日常问候、感谢和请求用语,听懂日常指令等;能借助图片读懂语言简单的小故事,理解基本信息;能正确书写字母、单词和句子。

习得与建构：在听或看发音清晰、语速较慢、用词简单的音视频材料时，能识别有关个人，家庭，以及熟悉事物的图片或实物、单词、短语；能根据简单指令作出反应；体会英语发音与汉语发音的不同；能借助语音、语调、手势、表情等判断说话者的情绪和态度；能在语意中理解简单句的表意功能。

比较与判断：有主动了解中外文化的愿望；能在教师指导下，通过图片、配图故事、歌曲、韵文等获取简单的中外文化信息；观察、辨识中外典型文化标志、饮食及重大节日；能用简单的单词、短语和句子描述与中外文化有关的图片和熟悉的具体事物；初步具有观察、识别、比较中外文化的意识。

5～6年级(二级)语言能力学段目标中的语音、词汇目标为：

感知与积累：能领悟基本语调表达的意义；能理解常见词语的意思，理解基本句式和常用时态表达的意义；能通过听，理解询问个人信息的基本表达方式；能听懂日常学习和生活中简单的指令、对话、独白和小故事等；能理解日常生活中用所学语言直接传递的交际意图；能读懂语言简单、主题相关的简短语篇，获取具体信息，理解主要内容。

习得与建构：在听或看发音清晰、语速适中、句式简单的音视频材料时，能获取有关人物、时间、地点、事件等基本信息；能识别常见语篇类型及其结构；能理解交流个人喜好、情感的表达方式，能根据图片，口头描述其中的人或事物；能关注生活中或媒体上的语言使用。

表达与交流：能围绕相关主题，运用所学语言，与他人进行简单的交流，表演小故事或短剧，语音、语调基本正确；在书面表达中，能围绕图片内容或模仿范文，写出几句意思连贯的话。

(二)语音知识内容要求

3～4年级(一级)语音知识内容要求为：

1.识别并读出26个大、小写字母；

2.感知字母在单词中的发音；

3.感知简单的拼读规则，尝试借助拼读规则拼读单词；

4.感知并模仿说英语，体会单词的重音和句子的升调与降调。

5～6年级(二级)语音知识内容要求为：

1.借助拼读规则拼读单词；

2.使用正确的语音、语调朗读学过的对话和短文；

3.借助句子中单词的重读表达自己的态度与情感；

4.感知并模仿说英语，体会意群、语调与节奏；

5.在口头表达中做到语音基本正确，语调自然、流畅。

（三）语言知识——词汇知识内容要求

3～4年级（一级）词汇知识内容要求为：

1.知道单词由字母构成；

2.借助图片、实物理解词汇的意思；

3.根据视觉或听觉提示，如图片、动作、动画、声音等，说出单词和短语；

4.根据单词的音、形、义学习词汇，体会词汇在语境中表达的意思。

5～6年级（二级）词汇知识内容要求为：

1.在语境中理解词汇的含义，在运用中逐步积累词汇。

2.在特定语境中，运用词汇描述事物、行为、过程和特征，表达与主题相关的主要信息和观点。

3.能初步运用500个左右单词，就规定的主题进行交流与表达，另外可以根据实际情况接触并学习三级词汇和相关主题范围内100~300个单词，以及一定数量的习惯用语或固定搭配。

二、语音和词汇在英语教与学中的重要意义

（一）语音和词汇学习相关性

语音和词汇是英语教学中的基本学习内容，也是学生必须掌握的学习技能。学生往往学时很清楚，学完后又不会读拼和应用，究其原因是学完后没有及时做到积累、总结和巩固，不能将单词的音、形、义相结合，导致学用脱节。现列举有效方法如下。

其一，可以依据相同发音记单词：

h**ow**、n**ow**、c**ow**、**ow**l；

w**in**d、w**in**dow、w**in**dy；

wr**i**te、r**igh**t；

h**ere**、h**ear**；

m**ee**t、m**ea**t；

son、sun;

by、buy;

no、know;

I、eye;

two、too;

for、four;

high、hi;

there、their;

hour、our;

wear、where;

whose、who's;

red、read(read 的过去式)。

其二,可以依据同义记单词或短语:

also/too、a lot of/lots of、walk/go ... on foot;

father/dad、mother/mum、above/on;

hello/hi、much/many、big/large;

picture/photo、bike/bicycle;

begin/start、evening/night、speak/say/talk;

see/look/watch、love/like;

hear/listen、learn/study、high/tall。

这些词或词组虽然都含有同样的表层意义,但它们又有着深层含义上的区别,学生可由表象相同引发深入思考,辨析它们的联系和区别,从而提升单词记忆的效率和准确性。

speak/say/talk 这三个单词都含有"说"的表意。speak,通常搭配语言,如 English、Chinese、French、Japanese 等;say,通常搭配直接引语或间接引语;talk,通常搭配介词、副词,如 talk about、talk with。

其三,可以依据音、形、义的联系与特点来记忆单词或词组:June/July; space/spaceship; somebody/sometime/something/somewhere; she/he/they; rain/rainy/rainbow; office/officer; farm/farmer; work/worker; drive/driver; teach/teacher; work/worker; play/player; thirteen/fourteen/fifteen/sixteen/seventeen/eighteen/nineteen; twenty/thirty/forty/fifty/sixty/seventy/eighty/ninety; mouth/mouse; luck/lucky 等。

以上这些单词都可以应用音、形、义相结合的方式进行快速记忆。如采用多思维、多语境的方法记忆单词或词组：more about.../more than.../something about...。要想从语音、语义、语用等方面学习以上词汇，就要运用科学有效的学习方法在语境中学习、理解和掌握。下文将列出具体语境说明"more about""more than"这两个词组及"more"的含义，同时进一步明确它们在语境中的发音和意义。

A：Tell me **more about** the Great Wall. How long is it?

B：It's **more than** twenty thousand kilometres long.

A：Wow! It's really long!

另外，当about/with表达"关于"时，学生可以在语境中理解其读音、语义和应用。

A：What are you doing?

B：I'm reading a book **about** English. It says it's easy to make mistakes **with** English words.

A：Yes, I always make mistakes **with** Chinese words.

语音是语言交流的符号，语言只有通过正确规范的语音才能正确达意、传递信息；而词汇是构成语言的必备材料，是交流的基础。

语音学习有助于词汇的记忆和掌握，反之，词汇的学习又进一步促进语音水平的提高。当然这需要在日常的教学中，培养学生善于读练、思考、积累、实践的良好习惯。

（二）语音和词汇学习的意义

语言学习的最终目的是实践和交流，学好语音是语言学习的首要条件。语音学习有助于提升词汇学习的效率和效果，是词汇学习的牵引绳和助力剂，二者相互影响、相互促进。

语音和词汇学习对培养语言学习的自信心有重要意义。学生若能够有意识地规范语音，大胆开口，积极操练，那么准确、流利地拼读单词，声情并茂地朗读课文，轻松听懂语音材料将顺理成章，这不仅使学生的常态化英语输出成为可能，还有助于提高语言能力和学习能力。

第二节 语音及词汇教学的误区

在英语学习中,学生往往会遇到同一个难题,那就是英语单词记忆的易忘性,而语音和词汇教学的相融性能极大改善这一现象。但当前语音和词汇教学研究及教学水平存在参差不齐的现象,有较多值得研究的问题。

目前词汇教学过程仍是以教师的教为主,学生的学一直处于被动地位。教师除了让学生跟读、抄写、默写、仿写外,为学生提供参与的机会相对较少,学生主动参与意识有待提升。

要真正掌握一个单词,大约需要10～12次有意义的重复,机械跟读、抄写、背诵状态下的词汇学习无法让学生真正掌握单词。由于学生没有掌握发音规则,词的音、形、义是孤立存在的,无法形成彼此间的联系,不能构成一个知识链或体系,因此单词记忆就成了毫无意义的机械行为。这不仅导致学生记词速度慢、遗忘率高,还容易打击学生学习词汇的积极性,导致学生对英语学习失去兴趣,产生厌烦心理。

一、语音和词汇学习存在方法上的问题

学生在识记单词的时候,往往是一个字母一个字母地去读,把拼词与读音、口头拼写与纸面书写、单词的读音与识记脱离开来,不注意读音与字母(组合)之间的关系,不能做到眼、耳、口、手、脑并用,更无法做到"听音想词,见词读音,由词联想到该词的语用和语境"。那教师如何教,学生如何学更有效呢?下面结合例子来进行说明。

如学习单词book,首先从听、模仿读音[bʊk]开始,学生在看、听、仿、读中,体会和理解"oo"的发音,在脑海中进行音和形的联系。同时,通过视觉和语义相联系,形成音、形、义的联结。再通过语境,综合理解和记忆book一词。教师可运用事物和图片(如picture books、English books、Chinese books)给学生足量的视觉和记忆冲击,进入语境。最后,通过角色扮演、二人问答等沉浸式学习,引导学生对关键词"book"进行叠加式复现和主题式、情境式的语言文化感知。这样学生收获的不再是单个单词,而是激活了记忆方式,培养了由词入境的语言思维方式,提高了语言的运用能力。

创设语境如下：

A：I've got lots of books.

B：Oh, yes. They're picture books, English books and Chinese books. Can I have a picture book?

A：Yes, of course. Here you are.

B：Thank you.

二、教材以话题、功能语句为主线，尚存在局限性

当前使用的教材虽历经多次修订和完善，但在话题涉猎广泛的同时，不能很好地兼顾生词的复现率，使得刚刚学过的单词在后面的课文中无法较好地实现复现。加之小学阶段英语的课时量少、授课任务重，教师所教班级多，学生课上的参与度相对较低，加剧了学生的单词遗忘。此外，受教材编写体例的限制，很多教材没有适时跟进自然拼读的配套教学和操练，没能与学生单词学习同步进行，不能很好地引导学生学习语音和词汇。

以外研版（三年级起）六年级教材为例。外研版（三年级起）六年级上册的语言学习，在五年级已学语音知识的基础上，加入了句子的重读和非重读、句子的语调，安排在每一模块的"Unit 2 Activity 4 Listen and learn to say."环节中。Module 1～5为句子重读与非重读的听、学、说，Module 6～10为句子语调的听、学、说。先有意识地引导学生练习降调，在体验对比中练习升调，综合练习升降调，复习降调。

教师在教学过程中要及时跟进引导和持续操练，学生在日常朗读中要不断运用，反复进行语言实践，逐渐培养语感，体验语言之美。

例如：Module 1 Unit 2 Activity 4 Listen and learn to say.

Tell me **more** about the **Great Wall**.

How long is it?

It's more than **twenty thousand kilometres** long.

Beijing has got about **twenty million** people.

又如：Module 9 Unit 2 Activity 4 Listen and learn to say.

How many member states are there in the UN? ↘

What is it? ↘

Do you want to visit the UN building? ↗

Do you want to go inside? ↗

教师可根据教材中的例句来指导学生从模仿、跟读到自然拼读,在读中感知和理解重读和非重读、升调和降调的意义,培养学生的语感。教师可通过拓展练习来加深学生对重读和升降调的理解,利用朗读主题活动来激发学生的学习积极性。

与母语相联系,语言不是生硬的知识,而是表达情感的载体。教师要激发学生的学习兴趣,让学生体验语言之美。

第三节　语音及词汇教学的策略与方法

《课标(2022年版)》强调:"在语音及词汇教学的过程中,既要重视培养学生的语言能力,也要注重优化学习过程,践行学思结合、落实用创为本的英语学习活动观,从而引导学生形成良好的思维品质和较强的文化意识,提高学习能力,培养积极向上的情感态度和价值观。"

实现上述课程目标,就要求英语教师必须从语音及词汇教学存在的问题入手,深度思考,依据儿童的心理发展规律,寻求积极有效的语音及词汇教学方法,并运用基本策略(调控策略、认知策略、资源策略、交际策略)帮助学生有效记忆并灵活使用。

一、善用调控策略,调控语音及词汇的学习计划、实施及反思评价

(一)生活场景:体验英语的零距离

心理因素对英语学习影响较大。基于此,教师要充分利用生活场景,引导学生认识词汇学习的重要性,培养学生学习兴趣。在英语学习的初始阶段,教师要制订好词汇教学计划,引导学生从他们最为熟悉的"衣食住行"来体验语音及词汇学习的乐趣,如下列词汇。

衣:T-shirt、clothing store、cap/hat、coat、raincoat、dress。

食:apple、banana、bread、cake、candy、chicken、egg、fish、nuts、rice、sausage、soup、coffee、milk、chocolate、KFC、beer、cola、juice。

住:VCD、CD、DVD、TV、e-mail、home、house、room、living room、kitchen、toilet、bedroom、floor、park、zoo、school、theatre、cinema、library、hospital、 museum。

行:bus、car、train、taxi、railway、station、plane、boat、ship、spaceship。

(二)语音先导:为词汇教学夯实基础

英语教学实践证明,词汇学习从“音”开始,以“音”为纽带,联系“形”和“义”。只有“音、形、义”相结合,才能提升学生词汇学习的成效。就教师层面应做到以下几点。

1.认识语音在教与学中的重要性

无论是单词、短语还是句子,英语读音都有轻重之分。英语中的语调不仅起着调节语言节奏的作用,还起着区分语义的作用。在语流中,不同的语音、重音、语调会产生不同的影响。

教师在教学中可以给学生渗透此类语音知识,让学生在朗读中培养良好的语流语感。同样一句话,升调和降调表示的意义完全不同,如:OK? OK. Really? Really.

2.模仿是学生学习语音的重要途径

语音教学主要靠教师示范,辅以音像资料的视听。教师示范时口形、舌位要正确,并适当讲解要领,让学生在听清的基础上进行大量模仿和操练,形成正确的发音技能。

当前,教师在课堂讲授单词时普遍存在以下问题:单词泛读过快,没有对单词中关键字母或字母组合的发音进行强调和示范,尤其是元音或元音字母组合的发音,需要教师引导和帮助学生多读、多思、多积累,让学生充分感知语音,形成语感。

3.在字母教学中培养正确的发音习惯

字母名称读音是学生模仿发音的起点。教师首先示范发音,让学生仔细听,思考发音特点和差异,进行模仿和练习。对于易读错的字母,教师应适当讲解口型及发音要领。

4.语音的启蒙引导

在低年级的英语教学过程中,教师在带领学生初步感知、体验自然拼读技能来识读单词和句子的时候,要让学生认识到拼读的是字母在单词中的发音,不是字母名称,尽管字母有发名称音的时候。

5.适时引导学生感知、总结语音规则

在教授单词的过程中,教师应引导学生充分了解发音规则,建立字母及字母组合与发音的联系,加强独立拼读的练习。例如,在教授dress时,教师有意识地指着dr读[dr],学生会有dr发[dr]音的感知和体验,这样,初步的语音渗透就在学生的头脑中形成了。

6.利用故事教学进行开闭音节知识的渗透

教师可以这样描述闭音节:"将孤独的元音字母关禁闭。"学生基于教师的讲解,在头脑中形成图像,并开始建构他们自认为是闭音节的单词。比如,教师可将学生创造的单词进行巧妙的搭配,详见下面的例子。

A rat on a bat on a cat in a hat on a mat.

A big pig in a wig did a jig.

Dot and the dog sat on the log in the fog.

The bug had a mug of milk on the rug.

The pet hen gets the vet wet.

再如,学生最初学习了单词cake,教师为了给后续教学做好铺垫,可以将-ake起名"蛋糕边",于是派生出了一系列单词:lake、bake、rake、take、make、wake,并根据单词词义编排顺口溜:"Wake up, take the baker to make a cake with a rake by the lake."。将单词串在一起,音、形、义相结合,学生会容易记住小学阶段所有含ake字母组合读音的单词。

7.引导学生提高辨识发音的能力

英语有不同的口音,如英音、美音等。学生在有了一定的语音基础之后,可适当接触不同的口音,为他们辨识发音和发展交际能力打下基础。在语音教学中,教师要针对学生的年龄特点和本班实际情况,有计划地安排教学内容,保障单词、语句的复现率。

(三)寓教于乐:丰富学生语音及词汇学习的情感体验

学生在认识客观事物的过程中多以形象思维为主。教师在进行词汇教学时,应尽量调动学生的多种感官和已有的知识,通过多种形式的教学手段,丰富学生的直观经验和感性认识,使学生获得生动的表象,从而加深对所学词汇的理解和记忆。

1.直观教学

直观教学有助于学生把英语单词同实物或真实情境联系起来,既增强语言的真实性、形象感,又易于调动和保持学生的学习兴趣。例如,外研版(三年级起)三年级上册"Module 4 Unit 2 It's a black dog.",巩固与拓展环节紧密结合生活实际，利用以前学过的单词（身边熟悉的事物，如学习用品、教室内的物品等），如pen、pencil、book、bag、desk、window、door、picture等来练习核心句型："It's a yellow desk. It's a green door. It's a blue chair."。

2.游戏教学

在游戏中获取知识是学生喜闻乐见的学习方式。游戏教学让学生乐于接受，并有助于学生有效地学习单词，符合小学生活泼好动的年龄特点。例如下面的游戏"此起彼落"。

游戏使用语音：字母a的发音[æ]。

游戏过程：

①学生坐在座位上。

②教师说句子，如果句子中的所有单词的字母a的发音相同，如"The cat is bad."，学生就跟着教师说"The cat is bad."；如果字母a的发音不相同，如The cap can't read "cup".，学生就保持沉默。

③判断错误的学生暂时出局，游戏继续进行。

④剩下的最后一个学生为游戏的获胜者。

游戏说明：该游戏训练了学生的听音、辨音能力，适合练习和巩固元音字母或字母组合的发音，也适用于相同字母在单词中的不同发音。

3.歌谣教学

把新接触的语音或新授词汇放在自编的歌谣中，让学生在轻松的气氛中有节奏地吟唱，既有助于熟悉语音和新词，又能增强语音和词汇学习的趣味性，还培养了学生学习英语语音和词汇的积极性。

例如：3～5年级英语必背单词歌谣：

（1）丁零零，闹钟叫，背起bag出门早，go to school不迟到，book书本知识多，勾勾画画要记牢。先用sharpener削好笔，pen、pencil派用场，ruler尺子画直线，crayon蜡笔涂色忙，一不小心写错字，eraser橡皮来帮忙，学习用品要收好，pencil-case别丢掉，物品整齐最重要。

（2）head，脑袋圆又圆；nose，鼻子站中间；eye，眼睛黑又亮；ear，耳朵长两边；mouth，嘴巴会说话；face，小脸白又白；hand，小手拍一拍；arm，胳膊挥一挥；finger，手指会数数；foot，小脚跳一跳。

4.情境教学

词汇教学必须坚持词不离境的原则。课堂教学中教师在注重激发学生学习词汇的兴趣的同时，还要巧设情境，在实施词汇教学时，尽量把词汇置于一个较为真实的情境中，让学生通过看一看、听一听、谈一谈等方式体验词汇学习的乐趣。如外研版（三年级起）六年级上册“Module 2 Unit 2 It will snow in Harbin.”的教学。

核心词汇为：snow、sunny、rain、cold、windy、hot、warm。教师可制订评价标准，布置课下作业（查阅明天各地的天气预报，并播报），鼓励学生自主创设情境，实践词汇的语用功能。

课下作业：“我是小小的天气预报员”

核心句型：It will be... in Hainan tomorrow.

It will be... in Beijing tomorrow.

评价标准：

准确、流利播报居住地城市的天气。☆

准确、流利播报居住地城市＋其他城市（3个以上）的天气。☆☆

准确、流利播报居住地城市＋其他城市（5个以上）的天气。☆☆☆

鼓励学生打破居住范围的局限，描述国内或世界各地的天气情况。

设计意图：秉持在体验中学习、在实践中运用、在迁移中创新的学习理念，倡导学生围绕真实情境和真实问题，激活已知。坚持学思结合、学创结合，运用所学解决生活中的真实问题。

5.整体教学

语音及词汇教学不能脱离语篇、语境，词汇只有在真实语境中，才能实现它的交际功能和语用价值。学生只有在理解和掌握课文对话的基础上，才能注意到重音、连读、语调、节奏、停顿等现象的内涵和意义。

教师要注重引导学生在语言实践中掌握词汇，重点练习一些既常用又易混淆的单词和习惯用语。教师应结合课文核心词汇和语句，精心设计并引导学生练习。例如，外研版（三年级起）六年级下册“Module 1 Unit 1 What a hot dog, please.”。教材中的文本本身就注重了语言在真实情景中的语用功能，以主题为主线，整体设计教学活动，培养学生的核心素养。教师可以在“Warming-up”或“Practice”环节设计有利于学生体验、感知、学习和运用语言的教学活动。

在小学英语词汇教学中，加强词汇教学的直观性、增强词汇教学的趣味性、突出词汇教学的情境性和整体性显得尤为重要。教师应根据教学内容、教学目标、小学生的年龄特点等，采取丰富多样的教学形式，调动学生的学习积极性和主动性，以达到课堂教学的最佳效果。

6.过程性评价：语音及单词归纳

当模块教学任务结束后，教师可引导学生根据单词中的元音字母或字母组合的发音对单词进行归类，或者根据话题进行单词归类，在学生复习、总结、拓展过程中及时跟进过程性评价。

(1)总结输出评价

如学习完“一周七天”的词汇，教师可引导学生设计关于“一周七天”的日历，拓展为运用“I play football on Monday. I...on Tuesday.”描述七天所做的事情；学习完体育运动，可为运动会设计体育项目，拓展为运用“I like running. I like...”谈谈喜欢的运动项目；学完描述天气状况，拓展为运用“It will be...on Friday. It will be...in Jinan.”谈论当地天气；学完服装，可为服装制作标签或根据个人的喜好给衣服分类，拓展为运用“I like...”谈论话题；学完“food and drink”，可制订一周食谱，拓展为运用“I like...”或“I want.../I want to...”谈论话题；学完家庭成员，拓展为运用“My father is a driver. He likes playing basketball.”说说家人的职业和爱好；学完数字，可为作业本编制英文页码或创设数数的情境性任务，拓展为运用“How many...are there? There are...”进行主题式对话；学完课程名称，可用英文写课程表，拓展为运用“I like... Do you like...?”进行主题式对话等。

这样长期坚持下来，每个学生都将有一本个人的“我的单词世界”收集本，教师一定要及时给学生正向鼓励，做好总结性评价。

(2)过程性记录包(兼具过程性评价和终结性评价)

过程性记录包是用以显示有关学生学习成就或持续进步信息的一系列评价结果，以及其他相关记录和资料的汇集。而学生过程性记录包评价则是指“通过对成长记录包的制作完善和最终结果的分析进行地对学生发展状况的过程性评价”。实施过程性记录包评价的目的在于有效促进学生的学习，提升参与班级管理的主动性和积极性。教师的角色定位更多的是建议者、引导者和帮助者，而不仅是知识的授予者。运用过程性记录包评价能够帮助学生在自我对比、自我优化和自我反思中获得良性、持续的发展。

教师可以根据学生的发展特点，借鉴国际上优秀的管理方法，为每个学生建立过程性记录包，多维度评价学生的学科学习、常规表现和德育成长。

二、善用资源，优化教学策略

（一）适当使用数字媒体资源

当今时代，媒体作为教学内容的载体被广泛使用，已经成为传递教育教学信息的必要教学手段和方式。多媒体有着良好的桥梁作用，沟通了教与学的过程。例如，外研版（三年级起）四年级下册“Module 4 Unit 1 Robots will do everything.”，通过视频、图片等方式引导学生探索机器人能做哪些事情，将来会做什么、不会做什么（不可替代的工作）。课中通过“Robots won't do our homework.”引导学生思考机器人不会做家庭作业的原因，从而升华本单元的主题——“Keep thinking and creating! Try to be a creative child!”，并通过有关智能机器人的视频，感受未来机器人如何使我们的生活变得更美好、更便利。在课程最后，教师通过课件采用思维导图的形式呈现本课的核心词汇、核心语句和知识架构，并用单词卡拼成一个小机器人，生动、形象地总结本单元的重点内容。

（二）充分利用好各种教材资源

小学阶段的英语教材所涉及的话题与功能大致相同，英语素材的编辑和处理各有特色，这就为教师提供了更多可资借鉴的鲜活素材。教师可依据英语话题（主题）与功能，对各类教材进行分类、重组与整合，把歌曲、歌谣、主题背景、语篇、游戏、活动等分门别类地组建成资源库。

例如，外研版（三年级起）六年级下册“Module 4 Unit 1 The balloons are flying away!”。在“Summary”环节，教师总结本课的核心语句“Who can help me? I can help you./Sorry，I can't.”。教师以培养学生的核心素养为主要目的，引导学生进行深度学习与思考：是否在所有需要帮助的情况下都要提供帮助？通过观看教师提供的重大灾难现场，以及在贫困和危险状况下的需要帮助者，同学们展开激烈的讨论，最后得出结论。这一教学环节在核心素养的统领作用下，把教师的教转化为学生的学，把体验、感知、思考、收获内化为能力和素养。

（三）适当整合、运用课外相关儿童读物资源

《课标（2022年版）》指出：“核心素养是课程育人价值的集中体现，是学生通过课程学习逐步形成的适应个人终身发展需要的正确价值观、必备品格和关键能力。”

教师要树立正确的课程资源意识，认识到教材是课程的重要载体，但不是

课程的全部，而超越教材、超越课堂，遵从学生的发展规律，回归真实生活情境的课堂才是理想的课堂。例如，讲公开课的某位教师进行异地异班教学，抽取的课题为外研版（三年级起）六年级下册“Module 7 Unit 1 He spent about twenty-one hours in space.”。教师的教学对象是外国语学校的学生，如何做到以人为本、因材施教？如何对教学内容进行深层次挖掘和适当拓展，以适应英语水平较高的外国语学校的学生，让学生在完成文本学习任务的同时，提升语言能力、文化意识、思维品质和学习能力？该教师的课堂设计如下。

首先，操练环节过后，教师请同学们一起看英文绘本《史蒂芬·霍金》（*Stephen Hawking*），随后教师呈现下列问题。

①Do you know Stephen Hawking? Introduce him as you know, please.

②Why is he very famous?

③What should you learn from him?

④Talk about Stephen Hawking with your classmates, please.

其次，教师和学生再观看一遍绘本，学生遇到难懂的单词或短语时，教师鼓励他们运用同伴互助等方式猜测词义，从而深入理解绘本内容。学生边看边复述故事内容，充分发挥外国语学生的优势。

当学生了解到：史蒂芬·霍金还是个小男孩的时候，常常仰望星空，对宇宙充满好奇，强烈的好奇心引领他步入物理学领域，他做了大量的工作，取得了非凡的成就，为社会作出了巨大的贡献。教师适时提问“If you want to do a thing well, what should you do?”，引导学生运用“be interested in...”“do lots of work ...”等短语回答。教师引导学生再次看绘本，并引导其进行深度思考，在此环节学生充分复现和链接上一课所学的关于“famous people”的核心词汇和短语。

最后，教师继续引导学生带着问题进行小组阅读和研讨，教师可适时给予补充和引导。

在本课中，故事教学与句型教学实现完美结合，词汇学习在特定的情境中生活化、意义化，在开阔视野和扩大知识面的同时，同学们也进行了一次思想的洗礼与升华。以上教学通过恰当使用绘本这一拓展资源，以极强的趣味性激发了学生的好奇心，提高了学生的语言能力。

（四）注重开发和利用学校和学生资源

《课标（2022年版）》提到：“教师要引导学生尽可能通过不同渠道、以不同形式学习英语。”英语教学中，在合理、有效使用教材的基础上，教师应积极利用和开发学校的各种资源，以增强英语学习的真实性、鲜活性和实用性。教师应充分认识和利用好学生成长资源包，尝试创设开放性师生、生生交流和分享平台，组织建立练习口语的英语角、班级图书角，引导学生进行英语环境设计，创建英语广播站，引导学生建立和利用好自己的个性化英语资源库，引导学生成立英语歌曲合唱团。

三、善用认知策略

美国教育心理学家加涅(R. Gagne)提出两种基本的认知策略：学习的策略和思考的策略。学习的认知策略是一种集中注意力、组织信息、细化内容、熟悉使用和检索知识的智慧策略；思考的认知策略是一种产生发明或创造的理智技能。认知策略主要有以下两种。

（一）记忆策略

1.语境记忆

语境记忆，顾名思义就是通过语境学习记忆单词。传统教学中，孤立处理单词教学的环节是低效的，也是一种低层次的教学方法。在语境中学单词，结合单词在上下文中的语义功能、指代关系等，学生能猜出生词的相应词义，因此，语境记忆是最有效的单词记忆方法之一。大多数老师会将单词置于句子或课文中，让学生在已有的信息上形成记忆的连接体，教师可以采取更灵活的教学方法，如答疑性阅读、思考性复述、绘本阅读、阅读再加工、语言的深层次学习、仿读仿写句子、运用词汇编写适当难度的语句及语篇等。

2.联想记忆

利用同类联想、构词法联想、形象联想、意义联想、词句联想、语境联想、语篇联想等方法记忆单词。

3.对比记忆

对比记忆包括：利用同义词和反义词进行对比、一词多义中的词义对比、文化差异、具有隐含意义的同义词对比、根据前缀和后缀对比、根据语境使用对比。

4.重复记忆

重复看似是一个简单和传统的学习方法，但加入学习策略的重复记忆将实现更佳的效果。为此,可借鉴前面在“中英学习方法对比”中提到的记忆方法,此处不再赘述。

(二)活动策略

语音及词汇学习不能止于表象的理解和记忆,而要用于语言实践。学生通过积极参与语言主题活动可以更好地提高语言的综合运用能力。以外研版(三年级起)六年级上册“Module 4 Festivals”单元整体复习活动设计——书面表达为例。

中国的新年是中国最重要的节日,而新年风俗蕴含着我们诸多优秀的传统文化,如吃团圆饭、拜年等。请以“My family dinner on Spring Festival”为题,写一篇小习作,至少6个句子,向同学、朋友及外国笔友介绍自己家乡年夜饭的菜式、寓意,以及丰富多样的文化习俗。

本练习为书面表达,情境属于“人与社会”主题范畴中“历史、社会与文化”这一主题群,涉及子主题“节假日与庆祝活动”“世界主要国家的文化习俗”。学生可依据已有知识和经验,以及对中华优秀传统文化的理解和感悟,运用所学语言来描述“Family dinner on Spring Festival”所蕴含的文化意涵。通过这一主题写作活动,传承和弘扬中国文化,展现跨文化交流的意识和能力。

【感悟小语】

语音和词汇可以说是小学英语教和学过程中一直在教、在谈、在研究的常态话题,也是一直不能很好有效破解的难点和重点,需要教师和相关研究者持续地进行学习和研究。语音是语言教学的基础和重点。教学中要充分发挥语音在语言学习中生动化的表意功能,打破语音枯燥、乏味的表象,引导学生真实地走进语音和词汇的学习世界,在生动有趣的语音、词汇学习情境中体验语言的灵动美。语音学习的效果直接影响词汇的学习效果,二者共生共存,互相影响,不可分割。由此,教学中绝不可单纯教授语音,也不可单纯教授单词,而应始终引导学生由音想词、由词想音,再辅以形式多样、丰富有效的教学方法来帮助学生建立起音、形、义、境、篇的学习体系,使其形成良好的语音、词汇学习习惯,提高整体语言感知能力,树立跨文化意识,形成正确的语言学习价值观。

第三章　语　法

第一节　时态总结与分析

时态用于表达各种不同的时间发生的事情或存在的状态，不同的时态对应不同的句子表达形式。“时”指动作发生的时间，“态”指动作发生的状态。

动词有五种形式：原形、第三人称单数、过去式、现在分词、过去分词。

小学阶段，外研版（三年级起）小学英语教材一共涉及四种时态：一般现在时、一般过去时、一般将来时和现在进行时。

一、一般现在时

（一）概念及概念解析

一般现在时（The Simple Present Tense）：表示通常性、规律性、习惯性、真理性的动作、状态或者动作（有时间规律发生的事件）的一种时间状态。规律性是指经常发生的动作；经常性是指在生活中，有些事情是有规律的，有的是偶尔做几次；习惯性是指这个事情经常发生，是一般情况，而不是具体的某一次；真理性是指有些动作或状态是永恒的，如“The Yangtze River rolls on eastwards. The earth goes around the sun.”。

(二)含义

一般现在时表示经常性的动作,常与often、sometimes、always、never、usually、every day、every week、every month、every year等表示频率的副词连用。如“He often goes swimming in summer./I usually go to work by bike./Sam visits China every year.”。

一般现在时表示现在的状态。如“My mother is a worker./There is a computer in our classroom.”。

(三)用法

一般现在时常见的标志性词语为:every day/week/month/year、usually、often、sometimes、always、never。其用法口诀如下:

第一、二人称和复数,动词原形不变换,

除了I、you和复数外,动词后加s/es别忘怀。

要变一般疑问句并不难,be动词提前要记牢;

若是没有be动词,do和does来开头。

否定句,很简单,not要站be后面;

若是没有be动词,not加在do/does后面。

注意问题:be动词(am、is、are)是独立的谓语动词,一个句子中有了be动词,就有了谓语动词,不能同时出现两个孤立的谓语动词,如下例:

The boy is often eats hamburgers.(×)

应改为:The boy often eats hamburgers.

二、现在进行时

(一)概念及概念解析

现在进行时(The Present Continuous Tense)是一种用于描述正在发生的动作或状态的动词时态。理解现在进行时要注意下三点。

①表示此时此刻(现在)正在进行或发生的动作。如“I'm reading a book now.”。

②当前一段时间内的活动或现阶段正在进行的动作。如“He is working these days.”。

③某些动词的现在进行时,表示预定的计划或即将发生的动作。如“I am

coming."。

（二）含义

现在进行时态表示现在正在发生的动作，结构是：主语＋am/is/are＋动词-ing（现在分词）形式＋其他。如"I'm writing a story.""You/They/We are cleaning the classroom.""He/She/It is having some food."。

（三）用法

现在进行时用法口诀总结如下。

现在分词用途多，进行时态不用说。
它的构成很好记，动词后缀-ing。
词尾若有哑音e，去e再加没问题。
一辅重读闭音节，这个字母要双写。
ie结尾的动词要注意，改ie为y加-ing。
如：fly—flying、think—thinking、sleep—sleeping；
ride—riding、have—having、come—coming；
swim—swimming、cut—cutting、get—getting；
lie—lying、die—dying、tie—tying。

三、一般将来时

（一）概念及概念解析

一般将来时（The Simple Future Tense）用于表示将来某一时间段发生的动作或存在的状态或在将来某一段时间段内经常发生的动作或存在的状态。

在理解"一般将来时"这一时态时，需要清楚"将来""动作""状态"这三个关键词。

（二）表达方法

shall通常用于第一人称，表示将来发生的动作。若用于一般疑问句中，则表示征求对方的意见或表达客气的要求。如"I shall play basketball next Sunday./Shall we go there at five?"。

will通常用于各种人称之后，不受人称和单/复数变化的影响。如"I/We/You/He/She/It/They will have a walk after dinner."。

be going to中的be要根据主语人称的变化而变化。如"I am/We are/They

are/You are/He/She/It is going to have a football game next Monday."。

(三)用法口诀

一般将来时用法口诀总结如下。

一般将来时,将要发生的事。

谓语表现不一般,will后加动原。

变疑问,will提前。

否定句,也不难,will后把not添。

be going to表将来,be要随时来变化;

I用am,you用are,he/she/it用is;

复数都把are来用。

四、一般过去时

(一)概念及概念解析

一般过去时(The Simple Past Tense)用于表示过去经常或偶尔发生的动作或存在的状态。一般过去时包含两方面的含义。一是表示过去发生的动作,通常与明确的表示过去的时间状语连用,如yesterday、the day before yesterday、last night、last year、last week、last weekend等。如"Daming and Sam had a picnic in the park last Sunday."。二是表示过去的状态。如"There was a big tree in the school before.""Mary was a teacher two years ago."。

(二)动词变过去式歌谣

动词变过去式顺口溜总结如下。

过去式很简单,只要你能这样记。

前提必须是动词,不规则变化先记牢。

再记规则两三条,结尾有e只加d,live变成lived。

y结尾也不难,辅音字母嫌它烦,把y换成i加ed,carry变成carried。

目前双写只有俩,hop变成hopped,stop要变stopped。

其他动词很随和,带上ed就OK。

不规则动词的变化,需要耐心记牢。如:am—was、is— was、are—were、do—did、does—did、have—had、has—had、go—went、buy—bought、fall—fell。

(三)注意问题

be (was、were) 是独立的谓语动词,它不能与行为动词的过去式同时使用。例如,同学们在应用时经常出现下面的错误。

It was rained yesterday. (×)

应改为:It rained yesterday.

The ducks were ate our picnic.(×)

应改为:The ducks ate our picnic.

动词过去式不存在第三人称单数的问题,即一般过去时态的句子中,无论主语是什么人称,单数还是复数,过去式动词都不能加 s/es.

五、时态小结

以上是对小学阶段涉及的四种时态(一般现在时、现在进行时、一般将来时和一般过去时)的简单梳理。综合来看,难度不大,但尚需仔细辨析、理解,进行语言实践操练。现就几个容易混淆的问题加以说明。

1.关于动词原形

动词原形用于一般现在时的第一人称单数和复数、第二人称单数和复数、第三人称复数之后,还用于一般将来时“be going to...”和“will...”的后面。

2.关于动词的三种形式

动词过去式用于一般过去时的各种人称之后,动词第三人称单数用于一般现在时的第三人称单数之后,现在分词用于现在进行时态中。

3.关于助动词 do/does/did 的用法

助动词是帮助行为动词的单词,do/does/did 这三个助动词也是经常用错的单词。do/does 用于一般现在时态,did 用于一般过去时态。do/does/did 总是与动词的原形连用,句子的时态通过助动词体现出来。如:

—Do you often go swimming?

—No, I don't often go swimming.

—Does he like apples?

—No, he doesn't like apples.

—Did they go to the supermarket last Sunday?

—No, they didn't.

第二节　名词变复数规律

英语中名词可分为可数名词和不可数名词。可数名词在应用时有单数和复数形式，表示“一个”用单数，表示“两个或两个以上”用复数。复数名词的构成分为规则变化和不规则变化。

一、名词变复数的变化规则

（一）单数变复数的规则变化

一般在名词词尾加s，如：map/maps、bird/birds、orange/oranges、bike/bikes。

以s、x、ch、sh结尾的名词加es。如：class/classes、box/boxes、watch/watches、dish/dishes。

以o结尾的名词变复数分为以下两种情况。

①以o结尾的无生命的名词后面加s，如：photo/photos、radio/radios、zoo/zoos。

②以o结尾的有生命的名词后面加es，如：tomato/tomatoes、potato/potatoes、hero/heroes、volcano/volcanos/volcanoes。

以y结尾的名称变复数分为以下两种情况。

①以辅音字母加y结尾的名词，变y为i加es，如：baby/babies、family/families。

②以元音字母加y结尾的名词直接加s，如：boy/boys、toy/toys。

以fe或f结尾的名词，把fe或f变为v加es，如：knife/knives、wife/wives、leaf/leaves。

（二）单数变复数的不规则变化

常见的不规则变化有child/children、foot/feet、tooth/teeth、mouse/mice、man/men、woman/women等。

注意：与man和woman构成的合成词，其复数形式是-men和-women，如：an Englishman/two Englishmen。但German不是合成词，故复数形式为Germans；Bowman是姓，其复数是the Bowmans（鲍曼一家）。

单复数同形的名词,如deer、sheep、fish、Chinese、Japanese等。

注意:除人民币元、角、分外,美元、英镑、法郎等都有复数形式。如:a dollar/two dollars。

集体名词以单数形式出现,但实为复数,如people、police、cattle等名词本身就是复数,不能说a people、a police、a cattle,但可以说a person、a policeman、a head of cattle。再如the English、the British、the French、the Chinese、the Japanese等名词,表示国民总称时,作复数用,如"The Chinese are hard-working and brave.中国人民勤劳又勇敢"。

(三)特殊情况

结尾为s,但仍为单数名词的特殊情况有下列几种。

①maths、politics、physics等学科名词为不可数名词,是单数。

②news为不可数名词。

③the United States(美国)、the United Nations(联合国),应视为单数。如:

The United Nations was organized in 1945.

联合国成立于1945年。

④以复数形式出现的书名、剧名、报纸、杂志名,也视为单数。如:

The Arabian Nights is a very interesting storybook.

《一千零一夜》是一本非常有趣的故事书。

二、名称变复数的特殊情况

(一)规则中的特殊

在学习名称的复数变化规则时,既要接受、理解和掌握常规的变化规则,又要接纳其中的特殊性。

不是所有的"以f/fe结尾的词都是变f/fe为v,再加es",如gulf、roof、chief、chef、belief、proof、handkerchief,这些词变复数时直接加s。

有些词在词尾加en或者ren构成复数,如:ox/oxen、child/children。

有些词是将单词中的元音字母变化构成复数,如:foot/feet、man/men、tooth/teeth。

表示"某国人"的复数变化规则:Chinese/Chinese、American/Americans、Japanese/Japanese、German/Germans、Roman/Romans、Englishman/Englishmen。

(二)复合名词的复数变化

变中心名词,如:son-in-law—sons-in-law。

在词尾加s,如:a grown-up—grown-ups。

某些名词修饰名词时,都需要变成复数,如:a man doctor—men doctors。

若前面有boy/girl时,只变后面的词,如:a boy student—boy students。

(三)规则之外的特例

单复数同形的名词,如:sheep、people、fish、deer、Chinese、Swiss。

表示由两部分构成的东西,如:glasses、trousers、clothes。若表达具体数目,要借助数量词,如:a pair of glasses、two pairs of trousers。

还有一些名词,其复数形式有时可表示特别的意思,如:goods(货物)、waters(水域)、fishes(各种)鱼。

第三节 语法之“润物细无声”教学法

谈及语法教学,小学阶段的教学中常会出现这样一些情况:教师对于语法问题,有的避而不讲,有的直接囫囵吞枣式地把结论硬塞给学生。那么语法教学在小学阶段到底该采用何种方法呢?这一直是小学英语教学的一个有待深入研究和思考的问题。以下就语法教学的教学策略进行探讨。

一、整体感知

小学英语语法教学的特点是通过创设真实的语境以及大量的语言实践来引导学生感知核心语句和语篇,并有效运用听、说、读、看、写等语言技能和学习策略,来理解、内化、总结其语法功能、结构和特点,进一步了解和学习不同语言文化现象,比较信息内涵的异同,围绕相关语法主题进行适当、有效的输出,进行恰当的口头或书面表达。

(一)语法中的文化意识

英语不同于其他语言的一个显著特点就是语法的差异。学习英语,如果驾驭不好该语言的内部规则,那么必将影响学生的语言运用。语言既存在语法差异,又有相通之处,现以中英语言的语法规则为例来分析。

汉语、英语都有两种基本句型:

①主系表,即“什么是什么”。如:I am a doctor.我是一个医生。

②主谓宾,即“什么做了什么”。如:I told you.我告诉你了。

从主谓宾等主干表达顺序来看,中文和英语的表达顺序是一致的。汉语和英语中,同一个词语或单词往往不止一个词性,但用起来又有差异。

在汉语中,“美丽”既可以作名词,也可以作形容词。在英语中,“work”既可以作名词,也可以作动词,都表示“工作”的意思。

差异解析:汉语中同一个词语大都可以用作不同的词性,而英语中,词义相同词性不同时,往往不能使用同一个词。如:

She is very kind.(kind是形容词,作表语)。

Her kindness moved me deeply.(kindness是名词,作主语)

She is a kind girl.(kind是形容词,作定语)

She talked to him kindly.(kindly是副词,修饰动词talk)

(二)语法中的主题意识

纵观小学阶段的语法知识及框架,都有其主题内涵。教学中教师要注重引导学生的语法主题意识,可以从what、why、how三个方面来理解。

What:语法的主题意识是指学生在学习和使用过程中,对英语语法知识的理解和运用要有主题语境创设教学或运用主题语境学习和操练的意识。

Why:受传统教学方式的影响,语法教学多以直接输出的方式呈现,学生则是简单接受和记忆,没有由教师的教转向学生的学。学生学习缺乏主动性、积极性、思考性和探索性,语法的整体感知和主题意识尚待提高。

How:培养语法主题意识,创设真实的语法主题语境,感知语法形式与内涵,具体包括以下三个方面。首先,找准语法主题语境,挖掘语法主题内容,引出相关核心知识点。其次,深度理解文本语境,熟练驾驭语法结构。最后,拓展文本语境,模仿语法形式,生成相关语法语句或语篇。理解语法意义,可从以下5个步骤着手。

①设定主题任务,理解语法含义。

②提取主题元素,梳理语法知识。

③营造语法语境,突破学习难点,升华主题语境,运用语法知识。

④链接生活语境,实践运用。

⑤结合生活实际,设计实践作业。

总之，教师要遵循学生学习语法的规律，循序渐进，通过培养学生的语法主题意识，创设主题语境，帮助学生理解语法意义，培养学生灵活运用语言的能力。

二、小学英语语法教学策略

（一）体验中理解，感悟中总结

小学阶段的语法教学提倡在语言实践中理解、总结和掌握其用法，而不是直接呈现给他们。教师可以通过创设真实的语境，组织多样化的主题教学活动，让学生接触、体验大量的语言材料，促使他们逐渐理解这些语言规则的意义、功能和形式。教材中的许多语言现象本身并不太复杂，学生在使用语言中探索和发现这些语言规则并不难。如：

A：Can I help you?

B：I want a hot dog.

A：And to drink?

B：I want to drink a cola.

通过这一段对话让学生链接生活中的语言，教师可引导和帮助学生归纳和总结“want”一词的用法，还可以把这一知识点变换不同的时态语境，让学生深度学习和理解。学生自己总结的语言规则更容易理解和记忆，在此过程中也能感受探究和发现的乐趣。

随着学生理解能力的逐步提升，语言规则也愈加复杂，教师可适当采用显性的教学方式，这样可以缩短学生掌握语法知识的进程，提升学生语言表达的准确性。不过，显性教学并不等于孤立的规则讲解，它还包括教师通过解释用法、课堂互动、活动反馈等方法引导学生学习语言规则。比较典型的显性教学的案例是“时态的比较”。教师发现学生学习了现在进行时后，容易和一般现在时混淆，尤其是对两者的使用界限比较模糊，此时，教师可以采用显性教学形式，从解读两种时态的区别入手，同时用丰富的例句帮助学生比较两种时态的形式和含义，由此从帮助学生弄清两者的用法或者从学生容易出现的语法问题入手，进行深度剖析和操练。

（二）创设情境，促进迁移

把语法从语境中提取出来解读，不仅晦涩难懂，而且没有意义，有效的解决办法是教师把语法置于语境中。教师可以使用实物、图片、视频等创设真实或接近真实的语言习得情境，让学生感知相关语法项目的意义，然后通过增加运用频率强调该语法结构，引导学生观察并关注语法的用法，继而帮助他们在使用过程中进一步体会该语法项目的表意功能。

在创设语境时，教师要注重以下两点：准确性和真实性。

准确性，即创设的语境要契合对应的语法项目，并能很好地诠释语法项目的意义。以进行时态的教学为例，教师常常通过一边做某个动作，一边用进行时态的句子描述该动作的方式呈现，但是某些瞬间动词的发生是在刹那间，学生不容易察觉这个动作正在进行。如：教师说“I'm opening the box.”，往往话还没说完，就已经打开了盒子，这样的情境创设会造成学生对进行时态的误读。

真实性，即教师创设的情境要尽可能地基于真实的信息，这样学生才能将所学语言知识迁移到实际生活中并加以运用。如一位教师在呈现将来时态“be going to do something”时就虚拟了一个人物约翰(John)，并且告诉学生“John always writes himself a list at the beginning of every day. What is he going to do today? What's he going to buy?”，同时还给学生列出了约翰的待办事项，这样，学生就置身于教师创设的情境中。今后他在日常生活中遇到类似的场景，就会很容易迁移使用学到的语言。

(三)意义操练，注重表达

语法教学的最终目的是让学生准确、有意义和得体地表达思想和情感。练习是掌握技能的重要方法。一般情况下，学生的语法练习更多的是让学生跟随教师的预设步骤进行：练习前，教师一遍遍地口述例句，等学生听熟后，教师给出提示词并要求学生替换句子中的部分成分。虽然类似的机械性练习能加深学生对语句结构的印象，但是忽略了语言的表意功能和深层次的语用功能，学生不知道这个句子是在什么样的生活场景中发挥作用和表意，所以，小学英语课堂中的语法练习要以意义操练为主。教师要善于把枯燥的语法练习与真实的生活情境相结合，突出它在语境中的表意功能。

以“want to do...”的结构操练为例。教师可以设计这样的场景：假如你要去一个孤岛单独生活一天，请说出你最想在孤岛上做的两件事情。有了该场景，学生就不是在说别人的语言，而是会积极运用已有知识来表达自己的想法。在课堂上，教师要尽可能多的给学生提供激活语言知识的机会。教师可以创设接近真实生活的情境，并让学生置身其中，然后运用语言去完成各种任务，如制订节假日计划、了解同伴的爱好、描述自己生活的城市风貌等。当学生在完成这些任务时，他们就会把注意力放在如何使用语言来完成事情上，并能生发出语言运用的现场感，从而实现知识在真实情境中的实际运用。

（四）循序渐进，多次复现

日常教学中，教师有时会为学生反复犯同样的错误而感到头疼。其实，即便不看学生间的个体差异，仅就语言学习的规律来看，语法学习也并不是一次性完成的。学生只有在语境中反复使用，才会留下深刻的印象。所以这就提醒教师要充分考虑语言学习的渐进性和持续性，合理采用分散练习和循环实践的方式。

依据小学生的认知规律和思维发展的特征，教师不宜在某个时间点集中把一个语法项目作为完整的知识体系尽数教给学生，可以采用“小步子前进”的方法，将语法知识的学习贯穿在一个单元或几个单元的教学中。以小学六年级的语法项目“一般过去时态”为例，它涉及的内容包括：过去时态的正确使用、动词过去式的规则与不规则变化（包括规则变化时直接加 ed，双写最后一个字母加 ed，将 y 变 i 加 ed）、动词末尾 ed 的不同读音等。教师可以带领学生从初步感知过去时态的使用开始，逐渐尝试理解并运用，同时关注过去时态中动词的形式变化。教师激发学生语言实践的好奇心，通过学生积极主动地模仿、探究和练习，逐渐掌握动词的过去式的使用规则，明确“ed”的不同读音，这种循序渐进的学习过程有助于学生自主探究能力的形成和思维能力的发展。

三、语法教学需注意的事项

1. 切忌急于求成

小学阶段的知识体系主要还是以基础知识学习为主，主要学习日常使用的词汇和语句，即使涉及语法知识也是为语言的运用服务，较为简单。因此，教师在教学过程中应遵循知识体系的渐进性规律，以创设语境和主题活动为依托，提高学生的参与度。教师切忌在每一模块的第一单元就把提炼好的语法知识抛给学生，而应先给学生大量的视听输入；输出环节可引导学生进行一些主题操练活动，如进行一些听读训练、仿照例句说或写句子，用所学核心句子来概括文本对话或故事等。

2. 切忌囫囵吞枣

小学英语教学阶段，句型结构的时态呈现的使用规则往往包含多个层面的知识。例如，现在进行时，既有句子结构（be＋动词-ing＋时间），又有动词变-ing

形式的规则。教师不可单纯追求课堂教学或知识体系的完整性，把这些知识用一课时全部学完。

3. 切忌过于强调

每学习一种新的语法知识，学生总会出现这样或那样的问题，口语表达或书面写作时经常出现加词、掉词、错词、颠倒语序、用错时态等错误。当出现问题时，教师要先反思自己的教学，思考如何调整自己的教学策略，而不是向学生反复强调该语法知识的重要性。教师要为学生设置一个难度适中、有趣的语境，帮助学生在语言实践中理解和掌握该语法知识。

4. 切忌只讲不练

语言的习得绝对不是只背下规则就会运用，而是离不开持续的实践。在练习中领悟、积累和总结，再由理解到熟能生巧，由此才能把语法规则真正融入语言意识中，从而内化为自己的语言技能和语言能力。语法是对语言能力的描写，培养学生的语言能力和语言行为就是培养学生的语言交际能力。

在小学英语教学阶段，教师不应该回避语法教学内容，不是简单意义上的不谈语法、不教语法，关键在于采用何种行之有效的教学方法，帮助学生更好地感知、学习和运用语法知识，培养学生形成良好的语法意识，并引导他们用语法意识来参与语言交际。

四、语法学习问题讨论

1. 什么是语法？

语法是语言的法则，是语言规律的高度凝练。语法和语言是共生共存关系，有了语言也就有了语法，学会了语法，语言表达将会更达意。

2. 为什么中文不用学语法，英语却要学语法？

学习汉语之所以不用学习语法，是因为我们生活在母语环境中，每天耳濡目染，进行大量的必要性交流，每时每刻都处于真实语境中，从而在无数次的重复学习中自然而然内化了中文的语法规则。作为第二语言的英语则缺少生活语境，只能在有限的课堂时间内习得和练习。学生无法自然内化其语言规则，又必须有语言规则来约束和保障正确地使用英语，这就需要学习英语语法。

3. 为什么小学生感觉语法很枯燥、难学？

很多小学生感觉英语语法难学，有以下几点原因。首先，与教师的传统教学方法有关，没有在教学中把语法和语用情境、语用功能以及开放式、趣味性的教学策略相结合；学生在学习过程中没有建立起完整、系统的语言知识的语法体系,没有真正理解语法所蕴含的文化意识和思维品质。其次,教师对语法的过度强化导致学生的语法畏难心理增强,不自觉地给语法定义了一个“难”的信号。再次,学生的学习方法缺乏适宜性、科学性。最后,学生练习的数量和质量达不到学业水平考试的需求。

【感悟小语】

语法是英语学习者必须面对的重要知识体系,也是避不开的英语学习的重难点之一。对于小学英语教师来说更是一项技能与智慧的挑战。依据教学要求和学生的身心发展规律,教师不能直接把语法公式抛给学生去记忆和理解,而是要在语境和主题活动实践中“润物细无声”地进行教学实施。

“教无定法,贵在得法。”语法教学是没有定法的,教学方法是否科学、有效是通过教学实践来检验的,由是否达成预期的教学目标来决定。有效的语法教学能引导学生建立对英语语言规则的整体认知,帮助学生建立语言的规范意识,指导学生对容易混淆的语法知识加以区分,达到合理运用的目的。

第四章 备 课

第一节 教案的编写规范

对于很多小学英语教师尤其是刚参加工作的青年教师来说，要想真正理解和领悟小学英语教学真谛、教案与教学的关系，需要在教学过程中不断摸索、探究和总结。如何上好一节课？如何保持课堂的高效？如何让学生喜欢上英语课？如何写教案？如何进行教学设计？如何让学科育人为孩子终身学习和发展奠基？如何充分使用教学资源为英语课堂服务？这一系列问题摆在青年教师的面前。

教案撰写是上好课的重要组成部分，也是保障有效教学的首要必备内容。那么如何编写教案？如何进行教学设计？教案与教学设计的区别和联系又表现在哪几个方面？本节将重点探讨这些问题。

一、概念

教案是教师经过教学设计，以授课单元或章节、模块为单位编写的具体教学方案，是授课思路、教学内容、教学技能的客观反映。

二、教案的具体内容

课题(teaching title)：说明备课课题的名称。

课型(lesson type):说明课时类型,包括单元新授课、单元复习课、模块复习课等。

教学目标(teaching objectives):或称“教学目的”,可从以下几个方面来设定:语言知识目标(language knowledge),语言能力目标(language skills),思维品质目标(sentiment),学习能力目标(learning strategy),文化意识目标(culture / consciousness)。

教学重点(teaching important points):说明本课必须解决的知识性的关键问题和核心育人重点。

教学难点(teaching difficulties):说明学生在学习本课内容时容易产生的知识方面的困难,以及学习本课核心知识点时在学习方法和策略方面的困难。

教具(teaching aids):或称“教具准备”,说明辅助教学手段使用的工具。

教学过程(teaching process):或称“课堂结构”,说明教学进行的内容、方法、步骤。

其他内容有:教学总结(teaching summary)、布置作业(homework)、板书设计(blackboard design)。

说明:如果是单元、模块或学期教案,可加教材分析和学情分析。

三、教学过程

教学过程是由教师的教和学生的学组成的互动过程,既是教案的主体,又是教案的重中之重。具体环节及方法概括如下。

(一)热身准备

1.设计意图

热身准备(warming-up)用于创设英语学习语境,激发学生的学习主动性和积极性,为接下来良好的学习状态和学习效果奠定基础;搭建新旧知识之间联系的桥梁,以旧引新,减小教师教学的难度,增强学生学习的自信心,培养学生良好的语言学习思维和学习习惯。

2.热身准备的主要方法

热身准备的具体方法包括:实物(objects),图片(pictures),简笔画(simple blackboard drawings),列表(charts),表演、创设情境/主题活动(demonstration/theme activity),总结(summary),设问(questions),歌谣(chant),故事(story),歌曲(sing a song),猜一猜(guessing),问候/对话(greetings/dialogue)。

(二)新知呈现

1.导入方法

新知呈现(presentation)的导入方法包括:自由问答(free talk)导入法,游戏(play games)导入法,角色表演(act out)导入法,简笔画(brief strokes)导入法,实物图片(pictures)导入法,歌谣、歌曲(chant/songs)导入法,视频(video materials)等资料导入法,主题活动(theme activities)导入法,创设情境(creating situation)导入法,复习(review)导入法。

2.设计意图

激发学生探索新知的好奇心,增强学生的学习积极性和主动性,为接下来的深入教学和操练做好铺垫。

(三)新授与巩固

新授与巩固(consolidation)可包括以下四种方式。

1.听音(listen to the video)

教师可采用任务型教学,提供过程性任务,让学生带着任务去听和思考。

2.跟读模仿(listen,read and imitate)

教师可引导学生带着问题去跟读、模仿语音语调。根据学生实际情况,兼顾任务的难易程度。

3.自读、互读、小组内读(read by themselves/in pairs/in groups)

教师可根据学情进行任务设置,引导学生有效运用语言。

4.文本学习(text learning)

教师可根据具体需要设计语用情境,提高学生课堂学习的参与度,面向全体学生,同时要兼顾个体,让每一个学生都能参与真实的学习活动。

新授与巩固常见方法包括以下五种。

①两两互学互助(learn in pairs):相互听读纠错、互相释疑、互读课文。

②小组学习(group study):小组内带着任务和问题进行共学、互助,小组进行学习活动展示。

③操练巩固(practice):灵活、有效、扎实地进行梯度练习。

④分角色表演(act out):让学生在情境中分角色朗读英语,学有所获,把学到的知识输出为语言运用。

⑤适度拓展和提高:教师可根据教材内容的重难点、学生的掌握情况灵活

开展。

（四）操练的原则

操练（practice）的原则包括六个方面。

1. 针对性原则

操练要依据教学内容、教学目标和教学对象。

2. 灵活性原则

教案中对于操练内容的预设要根据学生的学习情况，秉承面向全体、关注个体的教育教学原则，准备多项操练方案，根据具体情况适当、灵活使用。

3. 激发性原则

在真实语境中提升学生的语言思维能力和学习能力，教师要关注学生全体，依据教学进程和问题难度指数，有意识地给每一位同学尝试的机会，及时给予肯定和鼓励。

4. 激励性原则

教师要注重课堂教学的前、中、后教学评价，及时跟进正向的引导和帮助，提升学生完成学习任务的信心和决心。教师要正确对待学生在语言运用方面的错误，做到智慧容错。教师的爱心、宽容和鼓励是给学生最好的奖励。

5. 过渡性原则

操练要有梯度，要循序渐进，由易到难，及时正向评价，打消学生的畏难情绪。

6. 有效性原则

操练要有主题、有主线，调动学生积极参与其中，引导学生"时时有事做，事事有效做"，体验学习的成就感和获得感。

（五）拓展/发展

学习语言是为了语言的应用，语言输入到输出有一个循序渐进的过程。拓展/发展（development）具体包括五种方式。

全领（controlled）：了解学情，教师选择最佳的课堂教学及语言实践的思路和策略。

半领（half-controlled）：由以教师为主体转向以学生为主体，在教学中做学生的示范者、引导者、帮助者、监督者。

偶领（seldom controlled）：教师根据教学内容和教学任务的实施情况，创设人人参与、主动探究、小组合作的真实语言情境或主题活动。根据学生的实践及掌握情况，教师及时关注个体的差异性并给予指导。

放手(free learning)：语言实践注重融入生活，以学生的已有经验为基础，与学生熟悉的生活事件相契合，感知英语的普适性。因此，学生从学习教材知识到运用于生活，本身就是一个英语学习由收至放的过程。教师要尽可能多的为学生创造机会，让学生积极尝试运用语言，这样既内化了知识，又增强了学习的有趣性和探究性。

拓展、升华与人文教育(expand/sublimation/liberal education)：《课标(2022年版)》指出“义务教育阶段的英语课程具有工具性和人文性双重性质”。因此，小学英语课堂中的拓展、升华与人文教育环节具有实际教育意义和教育价值，教师需要不断深入挖掘、利用小学英语教材中的人文教育资源，创设人文环境，帮助学生树立正确的人生观和价值观，培养学生的关键能力和必备品格。

(六)总结、作业

1.总结

一节英语课的成功与否与教学设计的优劣有着直接关系，而一节好的教学设计，不仅要有好的热身(warm-up)和导入(lead in)环节，完美的总结(summary)环节更是起着画龙点睛、总括全局的作用。

总结既是小学英语课堂教学的重要方法和策略，又是教学的重要环节，其形式简明扼要，兼具复习性和启发性。新课改背景下，总结这一教学方法的重要性愈发凸显，它既能帮助学生回忆和总结当堂课的教学重点，又能帮助其巩固、复习相关知识，使其深入理解学习内容，联系相关知识的生活应用，拓展思维空间。总结能够使课堂延伸到课外，超越教材。

2.作业

作业(homework)的布置要遵循合理性和有效性原则，做到适量、适当和有效。

(1)布置作业遵循的原则

①严格按照《课标(2022年版)》及“双减”政策的要求，秉持体验中学习、体验中运用、迁移中创新的理念，减轻学生作业负担，明确作业目的，精简作业时间。

②符合学生所处年级段的心理和生理特点、学习特点、发展规律及学生的认知水平。

③面向全体学生，兼顾个体，体现作业的多样性和层次性，使不同程度的学生都能在原有基础上得到提升，体验成功的愉悦。

④尊重每一位学生，提高作业的自主性和灵活度，学生可以根据自己的实际情况选择作业。

⑤引导学生坚持完成作业，同时通过作业的选择和胜任程度正确评价自己，正确对待师评和他评。

⑥作业要注重合理性、价值性和有效性。

(2)作业形式

①客观型作业。这类作业是考查学生对所学知识的掌握情况，答案客观唯一。

②主观型作业。这类作业突出学生的主观思维能力，例如，习作题或发挥性的主题活动。

③开放型作业。这类作业体现自主性、探究性和创新性，答案富有个性，具有一定的趣味性和挑战性。例如，用学过的相关词汇和语句介绍一下你家附近的超市。

(3)作业的合理性和有效性

作业布置要面对学生存在的真实差异性，采用梯度、多样、灵活的方式。

作业布置要保障学生都能有效完成，保证作业的可检查性，避免一些不好落地、无法检查的无效作业，例如和朋友谈谈自己的爱好。

四、作业设计案例

外研版(三年级起)四年级下册 Module 3 Unit 1 Robots will do everything.

Homework design:

①Listen and read the text for 3 times. Then tell your parents.

②A:Read the key sentences for 1 time. Then imitate writing.

B:Draw a new robot and introduce it to the class.

(A or B, please choose one to do.)

设计意图：使学生在掌握基础知识和技能的同时，提高自身的语言运用能力及创新能力，作业评价量表(表 4-1)可以更好地展示学生的学习效果。

表 4-1 作业评价量表

作业	评价标准	自评(5/10/15分)	师评(5/10/15分)
Read the text for 3 times.	语音语调标准、流利。 语音表达标准,无明显错误。 表达不连贯,语音有明显错误。		
Read the key sentences for 1 time. Then imitate writing.	书写规范,无明显错误。 书写规范,有明显错误。 书写潦草,有明显错误。		
Draw a new robot and introduce it to the class. (选做)	画的机器人很有创意,造的句子和课文不一样。 画的机器人一般,造的句子和课文一样。 画的机器人普通,造的句子有错误。		

第二节　关于教学设计的认识

一、教学设计的概念

教学设计是研究教学系统、教学过程和制定教学计划的系统方法。它以认知学习理论为基础,应用系统的观点和方法,分析教学中的问题和需求,确立目标,建立解决问题的步骤,选择相应的教学策略和教学媒体,然后分析评价其结果,使教学效果最优化。

二、教学设计的流程

①分析教学需求、教学目的。

②确定课时的结构和顺序。

③分析教学目标。

④制订课堂教学计划。

⑤开发、选择教学材料和媒体。

⑥进行学习任务分析。

⑦教师方面的准备。

⑧过程性评价设计。

⑨教学实践及修改。

⑩总结性评价。

三、教学设计内容

(一)教材分析

分析《课标(2022年版)》中对学生英语水平一级、二级的要求。

分析每课时教材内容在整册教材、每个模块中的地位和作用。

分析教学内容的背景知识。

分析和挖掘教材内容的育人目标和育人价值。

(二)学生分析

分析学生已有的认知水平和能力状况。

分析学生存在的学习问题。

分析学生的学习需要和学习行为。

聚焦培养学生的核心素养,明确以培养学生适应未来发展的正确价值观、必备品格和关键能力为育人目标和育人策略。

(三)教学目标描述的注意事项

教学目标描述的行为主体是学生而不是老师,在确定和描述教学目标的时候,可以省略行为主体,例如:学生需要掌握的核心词汇和语句,学生能够运用……句型进行实际交流,学生通过学习提升了……(注意:不要以教师为主体来描述。如:教师使学生……)

教学目标描述的行为动词不可以是抽象、模糊的,应是具象的、可测试的、可评价的,如写的水平、听的效果、说的标准、读的规范等具体要求。目标叙述结合学生的认知规律和差异性,按照《课标(2022年版)》及《义务教育课程方案(2022年版)》的要求:关注学生个性化、多样化的学习和发展需求,着力培养体现正确价值观、必备品格和关键能力的核心素养。

(四)教学方式

随着教学改革的不断深入,小学英语的教学方式朝着更优、更适宜的方向转变。

1.《义务教育课程方案(2022年版)》对教学方式做出了明确要求

坚持素养导向。明确教学内容和教学活动的素养要求,设定教学目标,改革教学过程和教学方法,把立德树人根本任务落实到具体教学活动中。

强调学科实践。注重"做中学",引导学生参与学科探究活动,经历发现问题、解决问题、建构知识、运用知识的过程,体会学科思想方法,注重真实情境的创设,增强学生认识真实世界、解决真实问题的能力。

推进综合学习。整体理解与把握学习目标,注重知识学习与价值教育的有机融合,发挥每一个教学活动多方面的育人价值,探索大单元教学,积极开展主题化、项目式学习等综合性教学活动,促进学生举一反三、融会贯通,加强知识间的内在关联,促进知识结构化。

落实因材、因生施教。创设以学习者为中心的学习环境,凸显学生的学习主体地位,开展差异化教学,加强个别化指导,满足学生多样化学习需求。引导学生明确目标、自主规划与自我监控,提高自主、合作和探究学习的能力,形成良好的思维习惯。发挥新技术的优势,探索线上线下深度融合,服务个性化学习。

2.优化教学方法与技巧

(1)真实情境创设法

这一方法可在教学过程中的多个环节运用,例如外研版(三年级起)小学英语六年级下册 Module 8 Unit 2学习特殊疑问词"Why"及句型"Why are you wearing...?"时,创设主题语境(可以作为新知导入活动,也可应用于操练环节):教师呈现不同的天气情况和衣服类词汇,给学生提供语言框架,然后引导学生进行小组交流和讨论。多数情况下,学生会给出多种描述,这时教师应给予学生正向肯定和积极鼓励,一起探讨最佳、最适宜的描述。

(2)整体输入,整体感知

不断探索"大单元""大概念"的教学实践,积极开展综合性、复合式教学活动。例如,外研版(三年级起)小学英语六年级下册"Module 1 Unit 1 I want a hot dog, please."。文本中出现了询问价钱的功能句"How much is it? It's thirteen dollars and twenty-five cents."。基于整体输入与整体感知的理念,教师可创设真实的语境。用"I bought a new sweater. My dear classmates, guess. How much is it?"吸引学生的注意力。接下来,学生在"猜"(guess)的过程中展开激烈讨论,有的学生记不准确数字积极向老师请教,有的学生不会问价格积极查阅教材,尽管在后来的表达中必定还是会出现这样那样的错误,但在老师的指导下,同学们将顺利完成这一学习任务。然后老师乘胜追击,继续追问"My shoes are new too. Guess, please.How much are they?"。同学们有了刚才成功的体验,这次参与活动的自信度和积极性都将更高了。老师给予积极的肯定和评价,并和同学们一起总结数字和该语言点的应用规律。

学生经过参与语言实践活动,不仅对核心语句的"意义"有了更为完整、深入的理解和认知,还掌握了两位数的数字词汇及价格问答的英语表达。可见,完整输入策略对于学生形成语言的整体感知是非常有利的。

3.注重实践,以学生为主体,遵循学生发展规律

依据小学生以具象思维为主、抽象思维尚不够强的客观发展规律,教师在教学中应加强知识学习、生活体验和社会实践之间的联系,通过形式多样的教学策略使学生先形成清晰的表象感知,再通过实践将其内化为能力和素养。

(五)教学用具

教学用具是教学设计中不可忽视的小环节,它是对教学辅助材料的呈现,具体包括:教学环境的准备(多媒体教室)、教学用具的准备(单词卡、课件、实物等)。

教具的适当使用在小学英语课堂教学中起着不可小觑的重要作用。依据小学生的认知特点和规律,课堂教学可借助课件、图片、卡片、实物等教具来提高学生学习的趣味性,加深学生对学习内容的理解、记忆,增强语言的情境性,激发学生学习的积极性。例如,外研版(三年级起)小学英语三年级英语下册"Module 4 Unit 1 Do you like meat?"的核心词汇是:meat、rice、noodles、fish、milk。核心语句为"Do you like meat? Yes, I do./No, I don't."。教师可创设情境,在情境中运用实物、图片和课件相结合的方式,让学生感觉在用真实的语言交流。

(六)板书设计

板书设计是教学设计的最后一个环节,是教学设计的重要组成部分,是有效完成教学任务的重要环节之一。

板书设计的作用体现在以下两点:一是明确该课时教学的主题和结构;二

是突出课时重难点。合理、美观的板书设计既能帮助学生建立知识框架,又能对学生起到美育作用。

板书的设计分为主板书和副板书,应做到主次分明、突出重点。板书设计的形式主要有以下四种。

1.平铺式板书

平铺式板书多用于新授课的常态课,即按左、中、右顺序或左、右顺序。左边一般是本课的核心词汇或短语,中间是核心语句,右边是总结性知识或其他评价设计。这种板书设计符合大众对新授环节的审美,运用较为普遍和广泛,为绝大多数教师所选择。

例如,外研版(三年级起)六年级下册"Module 1 Unit 1 I want a hot dog, please."板书可以设计如下(见图4-1)。

Module 1 Unit 1 I want a hot dog, please.	
look	Can I help you?
dollar	I want a hamburger.
cent	

图4-1　六年级下册Module 1 Unit l板书设计

2.归纳式板书

归纳式板书也是使用率很高的一种方式,尤其用于复习课。例如,在讲"there be ..."句型时,板书设计如下(见图4-2)。

There is a/an ...
There is some milk/water/juice/soup/cola/tea ...
There are (some/two ...) books/coats/parks/trees/birds ...

图4-2　there be...句型板书设计

学生可以从板书中思考、观察"there be ..."句型的用法,同时总结出be的形式及后面跟的词的规律。

3.对比式板书

对比式板书会鲜明地呈现知识,特别适合低年级学生的课堂教学设计,符合学生的渐进性认知和发展规律。例如,在复习人称代词的不同形式时,板书设计如表4-2所示。

表 4-2 人称代词形式板书设计

主格	宾格	形容词性物主代词
I	me	my
you	you	your
he	him	his
she	her	her
it	it	its
we	us	our
they	them	their

对比式板书还适用于动词过去式、动词的过去分词等教学知识，不仅给学生直观、清晰的视觉冲击，提升学生的思维能力，还能帮助学生提高分析、比较、判断的能力。

4.思维导图式板书

思维导图式板书有以下优势：语言精练简洁，核心词汇和语句呈现明确，避免了语言不能描述清楚或不好呈现的弊端；形式多样，布局合理，有艺术性，凸显创新思维。思维导图式板书把板书和图形、绘画、符号、色彩等相结合，拓展了教师的创新思维，增加了美感。思维导图式板书概括性强、示范度高，较好地引导学生理解和梳理所学知识的内在关联性，建立整体感知。思维导图板书案例如图 4-3 所示。

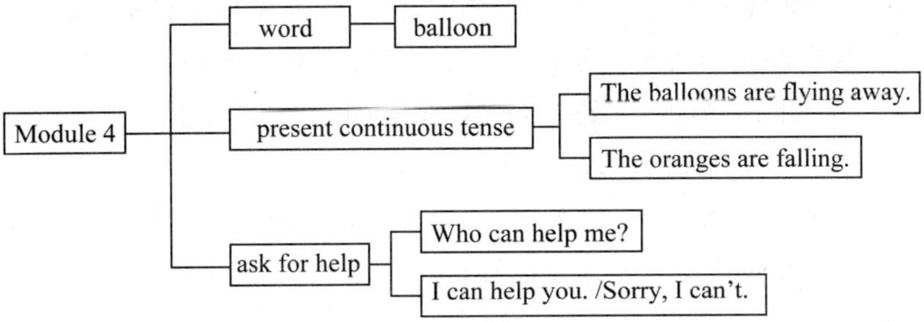

图 4-3 六年级下册 Module 4 Unit 1思维导图式板书

（七）教学反思

一节课上完了并不等于这节课的任务就完成了。基于这节课的教学设计、教学过程、教学流程、教学实施、教学反馈、教学效果等出现的问题和不足，要有客观的思考和总结，为下一节课乃至今后的教学总结经验。教学反思的目的是激活教师的教学智慧，探索教材内容的新方式，创新师生、生生互动的途径，更有效地促进教师的教和学生的学。

教师的教学反思主要包括以下四个方面：

①教学目标是否实现。

②《课标（2022年版）》和《义务教育课程方案（2022年版）》的新理念、新要求落实到课堂教学实施中了吗？通过哪些策略和方式落实的？

③有没有创设真实的教学情境？挖掘和利用生活中的教学资源了吗？

④教学设计和教学实施最突出的亮点是什么？存在哪些问题和症结？可采取哪些可行性的改进措施？

四、教学反思案例

此处以外研版（三年级起）六年级下册“Module 4 Unit 1 The balloons are flying away.”为例，呈现教学反思过程。

本课讲述大明过生日，西蒙的妈妈（Simon’s mum）为大明买东西举办生日派对的故事。为了达成本课的教学目标，教师采用了以主题活动为主的教学形式，引导学生通过参与活动进行语言交流，并运用小组合作的学习方式，培养学生合作及自主学习的能力。

本课的教学目标为：学生能够在教师的引导和帮助下掌握核心词句和语篇；教师围绕现在进行时的句型结构，就如何寻求帮助及回答的主题活动展开教学，培养学生的语言能力；教师通过活动总结反馈和小组合作学习，提高学生的学习能力；教师通过语篇的情境感知和拓展升华，培养学生善于思考的好习惯，培养学生乐于助人、善于合作的良好美德；教师通过对比中外文化差异，增强跨文化意识，促进学生的全面发展和提高。

三、四、五年级的学生已经学过现在进行时，本节课新单词较少，语篇内容贴近生活，易于理解和接纳。本节课由英语歌曲导入，创造了轻松的学习氛围，通过猜谜语的活动激发学生学习英语的积极性和主动性，这样既巩固了上节课的知识，又提高了学生的学习兴趣。随后，教师出示“have a party”的图片，引出本节课的主题活动。

通过引导学生观察图片，培养学生从图片中获取信息的思维能力，引导学生带着问题去思考，培养学生的学习能力。课堂中，孩子们气氛活跃，课堂参与度高，能够根据图片和提示词复述课文内容，并能通过角色扮演、小组合作设定情境，练习本节课所学的重点句型，并从中体会和理解文化内涵。本节课所呈现的课堂效果基本达到了设定的课时目标。

本课尚存在以下待提高的问题：

①操练环节还需加强改进，做到形式多样化。

②各个环节的过渡语及衔接不够自然，语速过快。

③个别学生没有参与展示环节，应多鼓励内敛的学生，给更多学生个人展示的机会。

④对于学生的精彩发言，没有及时给予个性表扬。

改进措施：首先，继续深入学习《课标(2022年版)》和《义务教育课程方案(2022年版)》，牢牢把握小学英语教学的新要求，围绕核心素养，体现课程性质，反映课程理念，确立课时教学目标；其次，加强教学的整体性，秉持英语活动观组织和实施教学；最后，引导学生善学、乐学，将“教—学—评”一体化应用于整个教学过程。

第三节 教案撰写

一、撰写教案的意义

教案是课堂教学的准备和预设环节，是课堂教学顺利进行的基础和保障。

(一)教师角度

教师只有了解教材和教学内容，并做到心中有数，才能进一步设计教学步骤，采取多样的教学方法。

进行学情分析，只有了解学生的实际情况，才能因生施教、因材施教。

把控教学过程及教学活动的整体性，引导学生形成正确的价值观，培养学生的关键能力和必备品格。

(二)学生角度

学生是教师提前备课的受益者,合理有效的课堂活动是教师前期思考、探究、斟酌与预设的成果。

二、如何撰写教案

教案是上好课的重要保障,也是有序进入课堂教学的先决条件。很多情况下,教师需要在短时间内成功备出一节课,那么如何在30分钟内撰写出一篇优秀的教案呢?

(一)教案撰写流程

一篇完整的教案一般包括以下几个部分:教学目标、教学重难点、教学过程、板书设计、小结和作业、教学反思。有的教材还需提前准备教具。

教学目标以前包括知识与技能、过程与方法、情感态度与价值观。自《课标(2022年版)》颁布以来,新的教学目标还要体现培养学生核心素养导向下的关键能力和必备品格。教学重难点可以是一个知识点,也可以是一个知识链条或知识群。教学过程是教案的主体,也是最重要、最详尽的部分,一般包括"四部曲":热身/导入、新授、巩固、小结、作业。板书设计是讲授核心词汇和核心语句的总体呈现。教学反思要等教学结束以后才能写。

(二)教案撰写注意事项

一般来讲,一次比较成功的课较好地达成了教案的教学目标,突破了教学重难点,教学过程清晰明确。现就教案撰写的难点进行详细分析。

首先是教学目标。一是要切实落实《课标(2022年版)》及《义务教育课程方案(2022年版)》的育人宗旨和导向。教学目标体现学生的核心素养,一般包括对行为主体、行为动词、行为条件、表现程度的描述。行为主体为学生,行为动词如"听、说、读、写……",行为条件是指在什么样的条件下达成目标,如"学生能在教师的指导下,用英语做自我介绍,发音正确,语音语调基本规范"。二是要书写规范。由于备课时间短,教学目标要精练、达意。

其次是教学重难点。对于新教师来说,把握住教学的重难点是很重要的,这对于整个教案的成功撰写以及后期顺利、高效地授课起着核心作用。教学重难点从以下两个方面把握:一是标题体现课时内容的核心知识点时,可将其设为重点;二是阅读文本及教学要求,出现次数多的练习往往是学习的重点。

再次是教学过程。教学过程的重要性不言而喻，一是注意教学环节的完整性；二是导入新课注意新颖性、有效性和趣味性，时间不宜太长，一般不超过1～2分钟。新授教学内容要注意知识点的层次性，逻辑不能混乱。教授过程注意采用单元整体教学理念下的情境性教学和主题活动教学。授课过程要注意及时巩固、拓展和提高，深入挖掘教学内容中的育人价值，在学习活动中培养学生的核心素养。

最后是小结、作业。这部分内容要体现《课标（2022年版）》和“双减”政策的新理念，体现人文性、创新性和实效性。

三、教学设计案例

此处以外研版（三年级起）五年级下册“Module 6 Unit 2 She visited the Tianchi Lake.”及六年级下册“Module 8 Unit 1 Why do you have your caps on your heads?”为例呈现教学设计过程。

（一）案例一：外研版（三年级起）五年级下册“Module 6 Unit 2 She visited the Tianchi Lake.”

1.教材分析

本节课的内容是外研版（三年级起）五年级下册第六模块第二单元，主题是“旅行”（travel），第一单元的主题是“I went there last year.”，第二单元的主题是“She visited the Tianchi Lake.”。

语言功能为运用一般过去时谈论旅游见闻。第二单元的课文主题是介绍玲玲在新疆的旅行经历，引导学生关注如何从自己的视角介绍自己国家的文化景观，进一步增强爱国意识。此话题贴近学生的生活实际，是学生感兴趣的话题。

(1)教学目标

①学生在教师的指导下，能够在语境中正确运用以下核心单词和语句：“best、rest、rode、east、west、north、south；Where did she go? She went to ...What did she do? She rode a horse.”。

②学生通过描述过去的旅行经历，学会与他人分享生活的体验。

③学生通过学习文本和拓展资料，表达热爱祖国山河之情，增强爱国意识。

④学生通过学习能够听懂、会说，能够运用一般过去时分享自己的旅行经历。

(2)教学重难点

①重点为:学生能够在具体的语境中听懂、理解、运用单词:east、north、best、rest;学生能听懂、会说并认读下列功能句:"Where did she go? /She went to .../What did she do? /She rode a horse."。并能在实际情景中运用一般过去时;学生能灵活运用已学语言知识就过去发生的事情提问和回答。

②难点为:学生能正确陈述自己的旅行见闻。

2.学情分析

五年级的学生通过前两年的学习已经有了一定的语言知识储备,对于一般过去时有了了解。因此,在本课教学中,教师的重要任务是通过设计贴近真实情境的活动,为学生搭建语言运用的支架,让学生充分联系已学知识,实现从语言知识到语言运用的学习目的。

3.设计理念

英语学习离不开语境。教师在利用好本节课教材之外,还应运用任务型教学、语音教学、兴趣教学,做到语言知识从"生活中来,到生活中去",让学生在情境中放飞思维和想象,充分运用语言知识。

4.教学过程

(1) Warm-up

①Listen to the song:"Where did you go?"运用切合本课内容的一首歌曲来导入课堂,复习旧知的同时提高学生的学习兴趣。

②T: Last year I went to Qingdao. Where did you go? 教师以一个简单的问题让学生展开讨论,教师很自然地与学生交流旅行中发生的事情,创设语言情境,为导入文本做好准备。

(2) Presentation

Listen and read the activity 1 "chant", and learn (listen, say, read, write) the new words: best、rest、ride-rode. Then learn the four words: east、west、north、south (using the Chinese map). And chant together with clapping.

①Chant:

up, up, north,
down, down, south,
left, left, west,
right, right, east.

设计意图:让学生复习巩固地图上的方位词,从而为接下来描述某个地方在中国的哪个方位打下基础。

②T: Now let's listen and read activity 2. Then ask some pupils to do the practice: Listen and number. (Show it on the screen.) And praise them timely.

③Listen and read, pay attention to the sentences' pronunciation.

Last July, Lingling wen(t) to Xinjiang with her parents.

She rode a horse.

设计意图:向学生渗透语音知识,培养语感,提高学生的语言综合运用能力。

④Can you describe Lingling's travel? 你能描述一下玲玲的旅游经历吗?

Lingling went to Xinjiang. She ______ a ______ .She ______ the Tianshan Mountain.

She ______ the Tianchi Lake. She ______ a lovely time there.

设计意图:让学生把所学课文复述出来,起到巩固复习的作用。

(3) Practice

①Just now we enjoyed Lingling's trip. Now let's share Yangyang's trip. First read it, and then answer the questions.

Where did Yangyang go?

What did he do?

设计意图:让学生将所学用于实践,提高语言运用能力。

②Share my travel.

Last   , Daming/Xiaoyong/I went to ______ It's in the ______ of China. He/I ______ . It was ______ . I had a lovely time there.

设计意图:让学生将所学用于实践,提高语言运用能力。

③Share your travel.

Where did you go?

Who did you go with?

What did you do?

设计意图:让学生结合自己的经历进行输出,提高语言表达能力。

④Enjoy travel, enjoy life!

设计意图:旨在对学生进行情感教育,在旅行中获得知识,感受大自然的美,从而热爱生活,起到美育作用。

(4) Summary

(5) Homework

①Share your travel with your friends.

②Talk about your travel in English, and try to write it down.

5.板书设计

Module 6 Unit 2 She visited the Tianchi Lake.

best	When did you go?
rest	I went to...
ride-rode	What did you do?
	I climbed Tianshan Mountain.

(二)案例二:外研版(三年级起)六年级下册"Module 8 Unit 1 Why do you have your cups on your heads?"

1.教材分析

课文情境是山姆(Sam)走进教室,发现伙伴头上都顶着纸杯,感到很奇怪。大明(Daming)告诉他:大家相约打棒球,埃米(Amy)让玲玲(Lingling)带些棒球帽(cap),结果玲玲听成了杯子(cup)。山姆告诉大家,单词拼写是很容易出错的,他学汉语时也经常出错。然后山姆告诉大家,他戴了棒球帽,于是大家就开心地去打棒球了。故事简单且有趣,"make mistakes"这一话题也是学生熟知并经历过的。

(1)教学目标

①学生能够听、说、读、写下列单词:cup、planned、baseball、more、smile、mistake。会运用单词和词组:with、said、make mistakes。会运用核心语句:"Why do you have your cups on your heads?""Why are you laughing?""It's easy to make mistakes with English words."。

②学生能够有感情地朗读教材文本;能够通过关键词引导复述故事;通过课文中玲玲犯的语音错误、大明的话及大明处理事情的方式,培养正确的情感态度,并学会克服困难,勇敢前行。

③学生能够通过学习文本故事,理解"学习过程中犯错的客观性",并采取应对错误的积极态度。

④学生能够听懂、会说并运用一般过去时谈论事情,会利用"why"进行问答。

(2)教学重难点

①重点:掌握单词、功能句,并能在实际情境中运用一般过去时。

②难点:运用停顿、升降调、重音等技巧有感情地朗读较长句子;能熟练运用"Why"对疑惑的事情进行提问。

2.学情分析

本单元主要学习运用一般过去时描述发生在过去的事情。学生在四、五年级的教材中已经学过一般过去时的表达方法,因此本节课主要是在复习、巩固旧知的基础上继续学习、提高和拓展。教师要调动学生已有的知识储备,为学生创设语言情境,以学生的实际情况和兴趣为出发点,引导学生更加系统地掌握核心知识,提高语言运用能力。

3.设计理念

本节课教师在充分利用教材之外,运用任务型教学、语音教学、兴趣教学、快乐教学等方法,让学生在情境中进行思维创造,充分运用语言知识,培养学生的交际能力,真正做到在学中用、用中学。

4.教学过程

(1) Warm-up

①Do some sports and sing the song "Head, shoulders, knees and toes". 运用切合本课内容的一首歌曲来导入课堂,复习旧知的同时提高学生的学习兴趣。

②T: Listen to Part one and answer these questions: Who is the boy? What is he doing? Where is his bag? Why can't he see his bag?

设计意图:让学生带着简单的问题听对话材料,培养学生的思考能力。教师有意引出特殊疑问词,为接下来复习特殊疑问词的用法做铺垫。

T: We learnt many sentences with who/what/where/why ... Now revise the words. Let's chant.

Chant:

Who, who, who, 谁,谁,谁,
谁的,谁的,用 whose,
干什么用 what,怎么干用 how,
地点 where,时间 when,
Why,why 问原因,回答就用 because,
疑问词要记牢,学习英语很重要。

设计意图：用自编的"特殊疑问词歌"引导学生联系旧知，学习新知。

（2）Presentation

①Tip 1：Read and find the sentences with "why" and find the past tense.

② Read the past tense rightly, and pay attention to the bold letters' pronunciation.

c**a**me　s**aw**　h**a**d　ask**ed**　t**o**ld　plann**ed**　b**rough**t　laugh**ed**

p**u**t　sm**i**led　s**ai**d　open**ed**　w**ere**　shout**ed**　w**e**nt

③Play a game.

Read the past tense as quickly as you can.

设计意图：让学生复习巩固过去式，理解过去式的用法，同时注意培养学生利用自然拼读拼读单词。

④Tip 2：Skimming. 快速领略文章，抓住要点。

Listen to the text with the questions, and then answer.

设计意图：让学生快速领略文章，抓住要点，为下一步的学习奠定基础。

⑤Listen and read after the e-pen.（跟点读笔听音，同步朗读，矫正发音。）

⑥Tip 3：Intensive reading. 精读课文，捕捉细节信息。

Discuss these questions in your group：What do you think of Daming? What did Lingling make a mistake with?

设计意图：向学生引出本课的重点词组和重点句型，为接下来的重点突破做准备。

⑦Let the pupils look and listen to the Micro class(微课堂).

（3）Practice

①Read and write with the model. Then ask and answer.

laugh　　happy

A：Why are you laughing?

B：Because I'm happy.

设计意图：让学生将所学用于实践，提高语言运用能力。

②Sing a song.

设计意图：让学生既能复习重点句型，又能放松一下，以此提高学习兴趣和效率。

③Look at the three pictures and retell the text in groups.

设计意图：让学生将所学用于实践，提高语言运用能力。

（4）The emotional education

In the process of learning English, there will be more or less phonetic errors. We should learn to summarize our own speech mistakes, and pay more attention to them in the future.

设计意图:对学生进行情感教育,让学生知道在学习的过程中出现困难不可怕,敢于面对困难并能够克服困难才最珍贵！引导孩子热爱学习、热爱生活,起到美育、智育和德育的作用。

（5）Summary

（6）Homework

①Make two dialogues with the word "why" and practice them.

②Find ten words that are easy to make mistakes and practice them.

设计意图:让学生将所学用于实践,起到提高语言运用的能力。

板书设计:

Module 8 Unit 1 Why do you have your cups on your heads?

Why are you laughing ?　　　c**a**p

Because I'm happy.　　　c**u**p

【感悟小语】

要撰写一篇集科学性、实用性、针对性、创新性为一体的优秀教案实属不易。教案是课堂教学顺利进行的重要保障之一。课堂教学的设计方案不仅包含所要教授的知识、活动和流程,还包含教师对于教育教学的理解和感悟,如同导演手里的剧本、工程师手里的图纸。

课堂教学是师生之间的互动,常规课堂也免不了有紧急情况出现,所以课堂教学的实际授课和教案的预先设计往往会有所变化。有时,教师在教学过程中有了新的灵感和想法,或刚上完课又有了新的补充内容,例如在创设情境方面又找到了更好的材料和方法。因此,建议教师课后要及时跟进教案的补充和完善,为以后的教学积累经验和素材。

第五章　说　课

第一节　关于说课的基本认识

一、说课的概念和意义

（一）说课的概念

说课是一种以口头叙述为主的教案分析。根据教学大纲、新课程标准要求，教师对教材分析、学情分析、教学目标、教学重难点、教具使用、教学方法、教学过程等方面进行全面的阐述，围绕"What""Why""How"三方面，简练、精辟地揭示这节课为什么教、教什么、如何教，向同行介绍自己的教学设想、教学目的及理论依据，然后进行听者评议、说者答辩。

说课是全面阐述和完善教学设计的过程，是提高教师教学水平的有效方式之一，它能有效地调动教师投身教学实践，不断学习新的教育理论。

（二）说课的意义

说课是教学研讨、师资选拔和师资培训的常用活动形式之一，它具有以下几方面的意义。

自我提升。对参与说课的教师来说，无论是自己说课，还是被评课，都是一种锤炼、进步和收获。

提升备课水平。通过说课,听课者向说课者说明存在的问题,促使其修改教学方案,进一步提高备课质量。

评价反馈。通过说课,客观、公正、综合地评价教师的教学水平。

培训的意义。教师说课需要说清教材分析、教法设计,还需说明教学活动的依据,这就必然促使教师钻研新课程标准、教材、教法,不断学习提高。

研究意义。“说”“评”是紧密结合在一起的,说者在说课前需要深入研究,评者要给予点拨、指导、评价。“说”“评”结合,共同总结教学经验,才能促使教师提升自身的专业素养。

二、说课的类型和优点

(一)说课的类型

检查性说课。此类说课是为检查任课教师的备课情况而让教师说课,方式比较灵活,可随时进行。

示范性说课。此类说课是学校领导、教研人员、骨干教师共同研究,经过充分准备后进行的说课,目的在于为教师示范,学习研讨。

研究性说课。此类说课是为突破某一教学难点、解决教学中某一关键问题、探讨解决方法而进行的说课。此类说课往往和授课相结合,课后再深入进行研究,并将研究结果形成书面材料。

评价性说课。通过说课对教师的教学水平给予评价,常用于各类竞赛活动。

(二)说课的优点

方便灵活。说课不受时间、地点、教学设备的限制,可随时随地进行,也不受教学对象和参加人数的制约,只要两个人以上即可进行。

短时高效。单纯的说课一般在10～20分钟甚至更短的时间内即可完成,但内容却十分丰富,既包括教师对教材的理解掌握和分析处理,又包括教法设计,即既能说清怎么教,又能讲出为什么。

运用广泛。教学督导、教学研究、评价教师的教学水平、开展教学技能竞赛等均可采用说课的方法。

理论性强。说课能充分体现教师的教学思想。上课是教学设计的实施和呈现,说课是理论性的分析。

三、说课的基本要求及艺术

（一）说课的基本要求

1.说清本课内容在本学科教学中所处的地位及作用

在教学过程中，每一课时教案所包含的内容以及它们在知识体系中的地位和作用都是不同的，有些课时所含的教学内容极其重要，与今后授课的内容关系十分密切，是阶段性的关键点，甚至是本教材的重点内容，起着承上启下的作用。因此，说课者正确认识每一课时在学科教学中的地位，明确如何对学生进行学习指导是至关重要的。说课者要说清该课教学内容在学科知识体系中的地位及作用，并抓住这些知识关键点来指导学生，从而达到事半功倍的效果。

2.说清本课内容的重点、难点和要点

每一课时教学内容都有自己的重点、难点和要点，要让学生把握一节课的教学内容，必须突出重点。在教学过程中，每一课时又往往有一些知识点学生难以明确，难以掌握，作为教师必须从学生的实际出发，把握重点、要点，化解难点，以达到预期的教学目的。这些都需要说课者在说课过程中说清楚。

3.说清本课的课时结构和目标

明确教学目标是教师的基本功，在有限时间内教师需要明确如何实现课堂教学目标，如何突出重点、要点，如何化解难点、巩固知识，如何复习旧课、导入新课，如何演绎示范、归纳总结，如何提问设问、布置练习。一节好的说课离不开一个好的课时结构，旨在使每一课时的各个教育环节均能恰到好处。

4.说清实现课堂教学目标的方法与手段

在课堂教学目标确定之后，明确用什么方法和手段实现课堂教学目标极为重要，它要求说课者根据教学要求和所教对象，说清如何运用相应的教学方法来完成教学任务，并运用何种教学手段，强化教学目标的重点、要点，化解难点，以保障教学目标的有效达成。

5.说清教学过程状态的调节与信息的有效传递

教学过程中师生教学状态的调控，教和学信息的传递、反馈，实际上是一个很重要的部分，但往往容易被说课者遗忘。在实际教学过程中，教师的教与学生的学虽是相互联系的，但有主动和被动之分，也许老师讲得快的地方恰好是学生较难领悟的地方。当学生积极性不高、偏离教师的教学目标时，就需要教师通过信息传递、反馈来适当调控。

6.说清教学过程的预先评估

说课虽不是课堂展现,但说课者对说课内容的教学过程也应该有一个预先评估,并将此作为说课的一项内容。预先评估包括教学过程中可能出现的问题,学生中可能"冒出"的个别代表性的错误,时间控制上的调整,以及补救措施、目标测试的答疑等。说课者说完课后,其他教师应围绕这堂课的教学怎样落实核心素养、怎样提高课堂教学效率各抒己见。最后,相互交流,使说课者和参与者在理论与实践的结合上有新的认识、新的提高。

(二)说课的艺术

1.说课者须用心研读《课标(2022年版)》

细研方法,优选习题,精琢程序,努力使说课的每个环节到位,做到"说深""说实""说准""说精",把握好说课艺术。

2.教师在备说课时必须要"实"

要从教材的实际出发,从学生的实际出发,遵循学生掌握知识"由浅入深,循序渐进,由感性到理性"的认识规律,依据"主体参与,分层优化,及时反馈,激励评价"的原则来确定教法和学法。

3.说习题要"准"

课堂练习与课后作业是检查课堂教学效果和巩固课堂教学内容的手段。因此习题的设计一定要"准",既要准确体现该节教学的目标、重点、难点,又要与学生解决问题的能力相匹配。同时教师设计习题一定要兼顾不同类型学生的接受能力。

4.说程序要"精"

课堂教学程序的设计和安排既是说课的出发点,又是落脚点,是贯穿整个说课过程的一条主线,所以说课堂教学程序应详细一些。具体地讲:一要说出课堂教学的整体思路和环节,二要说出处理教材、教法和学生实际相联系的方法,三要说出对每个环节、每个层次、每个步骤的设想和安排以及这样设想和安排的依据,四要说出教学中突出重点、突破难点、抓好关键点的理由和方法,五要说出习题设计和板书设计的意图、目的和理论依据。

四、说课评价

好的说课有以下五个重要特征。

(一)突出教学理念

从说课内涵看,教学理念是整个说课的“灵魂”所在。没有说教学理念,说课便没有了分量。

(二)诠释教学思想

从形式看,说课不是复述教案,也不是对上课的预演,而是表达授课教师如何组织教学和策略运用的教学思想,注重的是对教育理论的诠释。

(三)体现教学能力

从说课过程看,说课促使教师的教学从经验型向科研型转化,促使教师由“教书匠”向教育家转化。教学思想的阐述使教师明确教育教学观,展现教学设计,提升教师的教学能力。

(四)展现教学境界

说课具有创造性,体现在说课者对教学准确而独到的见解,对教学环节独具一格的安排,对教学策略独具匠心的理解和独特的授课技巧。

(五)展示演讲才华

从说课技能上看,它具有演讲特点。说课集中体现在说者心口相应的协调和面对同行演说的技巧上,好的说课具有较强的说服力和吸引力。

第二节　说课的内容及方法

说课是教师在备课的基础上,面对评委、同行,系统地口头表述自己的教学设计及其理论依据,然后由听者评说,达到相互交流、共同提高的目的。

一、说课的内容

说课主要包括四个方面的内容:说教材、说教法、说学法、说教学程序。

(一)说教材

在个人钻研教材的基础上,说清本节课教学内容的主要特点,以及本节课在整个教材中的位置和作用,并说出教者是如何根据课程标准和教材内容的要求确定本节课的教学目标、重难点的。

(二)说教法

在确定教学目标后,恰当选择教学方法至关重要。既要说明用什么方法落实《课标(2022年版)》新理念,如何以学生为主体进行教学活动,效果如何,又要说明如何处理教与学、讲与练的关系,如何使用教具、学具或电教手段。

(三)说学法

主要说明学生“怎样学”的问题和“为什么这样学”的道理。既要说明如何激发学生学习兴趣,调动积极思维,强化学生主动意识,又要根据年级特点和学生的心理特征,说明运用了哪些学习规律来指导学生的学习。

(四)说教学程序

主要说明教学设计的具体实施流程、课堂教学的结构安排和优化过程,以及教学衔接和教学环节转换之间的逻辑关系。

二、说课的模式

说课的模式通常可采用如下的提纲式。

(一)说教材

首先,简要说明本节课的内容来自哪一学科、哪一册书、哪一章节。其次,简析教材:说明本说课内容在学科知识体系中所处地位和作用、教学目标、教学重难点。

(二)说教法

说明教学方法、教学手段、教学媒体的运用。

(三)说学法

说明学习方法、能力培养策略。

(四)说教学程序

可包括:新课导入、新知呈现、有效操练、拓展升华、总结巩固。

(五)说板书设计

说板书设计主要注意以下四个方面:程序性、概括性、指导性、艺术性。

说课要坚持从实际出发，应因材、因时、因地、因人（学生、教师）的不同采取不同的说课方式和方法，提高说课的科学性和可行性。

三、说课稿的撰写

写一篇说课稿，一般应包括以下三个方面。

（一）简析教材

教材是进行教学的依据，是学生获取知识的重要来源。教师要简析教材内容、教学目标、教学重难点，具体可从以下六个方面展开。

①说明说课内容所属的科目、册数，所在单元或章节。

②教学内容及其知识点。

③本课内容在教材中的地位、作用和前后的联系，体现大单元、大概念的教学理念。

④《课标（2022年版）》对这部分内容的要求。

⑤结合教学内容和核心素养发展要求设计本课时的教学目标。

⑥遵循《课标（2022年版）》的具体要求、教学内容和教学目标，确定教学的重难点。

（二）阐述教法

教学方法的设定一定要基于以下几个因素：通过什么途径或手段、运用什么语言形式或结构、在什么情境中做什么事情（解决什么问题）、学生形成什么样的素养。具体来讲，应总体阐述采用了哪些教学方法，重点说明教学方法的名称、实施依据和效果，以及使用的辅助教具。

（三）概说教学程序

说课前预习准备情况。

说完整的教学程序：导入、新知呈现、巩固操练（主题活动）、拓展升华（立德树人）、回顾总结、布置作业、板书设计。

说教学反思：梳理课堂教学实施过程，说明亮点，发现不足，制定改进措施。在撰写时注意说课稿的整体性，前后呼应，切忌只说某一部分而忽视了其他部分。

四、说课的注意事项

为了使说课取得一个良好的效果，教师应注意以下几点。

说课不是备课，不可以照搬教案。

说课不是讲课，教师不能把参与的领导和老师视为学生，如正常上课那样讲。

说课要突出“说”字。既不能按教案一字不差地背下来，也不能按说课稿一字不差地读下来。一节成功的说课，除了按照自己的教学设计思路，有重点、有层次、有理有据地说清楚，还要让听的人听明白。

说课的时间不宜太长，也不宜太短，通常在15分钟左右。

注意发挥教师自身的教学个性和创新精神，防止生搬硬套。

注意运用教育理论来分析问题。

避免过分表现“理论依据”，脱离教材、学生、教师实际，空谈理论。

语言、简练准确。说课者要具有说好课的自信和能力，感染听者，引起听者的共鸣。

说出特点、说出风格。说课的对象不是学生，而是教师同行。所以说课时不宜把每个过程说得过于详细，应重点说出如何实施教学过程，如何以学生为主体，如何引导学生积极参与学习活动，如何培养学生的学习能力与核心素养。

说课与评课结合。说课者固然要准备充分，听评课者也要有一定的准备，评课才有发言权，才能评到点子上，才能集思广益、相互交流、共同提高，达到说课的预期效果。

五、说课的益处及说课的技巧与方法

（一）说课的益处

1.说课有利于提高教师对教材内涵的理解和把握

以前的确存在部分教师的备课和说课流于形式、应付检查的现象。备课时一靠教案，二靠教参，自己动脑筋的机会较少。而说课就促使教师从依赖教参到主动研究教材，提高了教师备课的质量。

2.说课提高了教师的教学理论水平

教师要讲清教材设计的理论依据，不仅知道“怎么教”，还要清楚“为什么这样教”，这就要求教师必须先学习《课标（2022年版）》等教学规范。

3.说课有利于教师互相学习、取长补短

由于说课活动不受时间、空间、人数的限制,简单易行,具有较强的参与性、合作性,能较好地解决教学与研究、理论与实践相脱节的矛盾。在一个学科组或教研组里,一个教师在说课,其他老师在获取经验的同时还可以找出说课人的不足或提出自己的见解,供大家讨论研究。所以,说课也是教师之间切磋提高的有效教研方式。

(二)说课的技巧与方法

1.在说课前准备好课型框架

课型框架包含目标框架、理论框架。如复习课,就要将“新知梳理、复习得法”“主题活动、多元思维”“探究、总结”“提升素养、全面育人”等教学理念融入说课中。

2.合理安排好时间

说课者一般在2～3分钟内要确定下教学目标,重点考虑教学设计的框架,以纲要的形式写下来。教学过程作为重要的设计部分,也要预设学生可能出现的情况及应对策略。

3.注重环节的完整性

说课是一种教科研活动,它有自己大致的模式,包括说教材(教材地位、作用,教学目标,教材重难点)、说教法(教法选择及依据、教学手段应用及依据);说学法(指导学生学习)、说教学程序设计(导入新课、新课教学、课堂检测、板书设计等)。

4.注重内容的新颖性

说课内容绝大多数来自教材,同样的内容,谁能“平字见奇,朴字见色”谁就能取胜。

5.注重方法的得当性

教学过程中教学内容是否见效,教学方法很重要。“教无定法”,教师不能一味追求方法上的“标新立异”,更要注重效果。

6.注重语言的简洁性

说课本身就具备演讲的特征,语言一定要简洁、清晰、有情感,不能冗长拖沓。

7.遇到不熟悉的教材时要灵活应对

说课者要准确把握教材,确定教学目标和重难点。快速过一遍所提供的材料，做到心中有数，然后回想同课型的课通常是怎样处理的，可在借鉴的基础上进行设计。

8.说课要有自己的基本思想

说课者在设计时要结合以下问题：教学设计的基本教学理念，在设计中体现了《课标（2022年版）》的哪些要求？教学思路是在什么教育理论支撑下展开的？这样设计的意图是什么？力求达到什么目的？在实施中可能会产生哪些问题，各种问题又该如何引导、解决？这节课的教材对学习主体来说，是否要进行适当整合处理？

9.说课整体要流畅，不要作报告

不要有太多的"1、2、3"，环节过渡要自然。

10.说课要有层次感

说课不要面面俱到，不要说得过细，顾此失彼。着重说明学生学习中可能碰到的困难和教师的教学策略。

第三节 《课标（2022年版）》视角下谈说课

"说课"是深化教育改革、探讨教学方法、实践教学手段、提高教学业务水平的一种教学研究方法，也是教师进一步学习教育理论，用科学的手段指导教学实践、提高教学科研水平、增强教学基本功的一项重要活动。

一、说课的理论依据

（一）《课标（2022年版）》提出了义务教育课程应遵循的基本原则

坚持全面发展，育人为本。

面向全体学生，因材施教。

聚焦核心素养，面向未来。

加强课程综合，注重关联。

变革育人方式，突出实践。

（二）《课标（2022年版）》提出了英语课程实施教学建议

坚持育人为本。

加强单元教学的整体性。

深入开展语篇研读。

秉持英语学习活动观组织和实施教学。

引导学生乐学善学。

推动“教—学—评”一体化设计与实施。

提升信息技术使用效益。

二、《课标(2022年版)》视角下的说课策略

依据《课标(2022年版)》要求,教师说课时应做到以下五点。

(一)说清本课内容所处的学科地位及作用

在教学过程中,每一课时的教案所包含的内容是不同的,它们在每一学科的知识体系中的地位及其作用也是不同的,有些课时所含的教学内容与后面的授课内容密切相关,起着承前启后的作用,是阶段性的关键点,甚至是本教材的关键内容,教师要运用大单元、大概念的理念来指导学生建立知识的整体意识。所以教师要认真领会每一课时在学科教学中的地位,准确把握这些知识的关键点,进而对学生进行准确的指导,从而达到事半功倍的教育效果。

(二)说清本课内容的重点和难点

每一课时教学内容一般都有学生突破的重点和难点。在教学过程中,对于学生难以明确、难以把握的要点和难点,教师必须基于教材、学情及课标的要求,采取适当的教学策略帮助学生突破重点、化解难点,以达到预期的教学目的。这些都需要在说课过程中清晰地体现出来。

(三)说清本课时的教学目标

基于《课标(2022年版)》的要求,以核心素养为导向的教学目标作为教学设计的重要组成部分,是教学内容选择、教学活动开展和教学评价实施的依据。能够确定并清晰地表述课时(单元)教学目标是教师的教学基本功。

1.教学目标从教材中来

以语篇教学为例。首先,教师要理解教材的深刻含义,正确引导学生进行语篇研读,预期学生通过学习所能达到的程度和呈现的效果,由此确定教学目标。其次,教师要引导学生研读教材中的语篇,挖掘语篇的育人价值,实现整体感知,推动“立德树人”“核心素养”落地。

语篇研读方法如下。

语篇的主题和内容是什么，即“What”的问题。

语篇传递的意义是什么，即“Why”的问题。不论口语语篇还是书面语篇都有其特定的交际目的或传递的主题意义，也就是作者或者说话人的意图、情感态度或价值取向等。

语篇具有什么样的文体特征、内容结构和语言特点，如果语篇配有图片或表格，其传递何种意义或具有何种功能，即“How”的问题。对口语语篇的研读不仅要关注其呈现形式，还要关注其语境的正式程度、语言表达方式及功能等，如语篇是以对话还是独白、访谈、指令等方式呈现的。如果是对话，就要关注对话场合的正式程度和说话人的身份，其语言表达方式是随意、直接、客气还是委婉，说话人使用了什么样的交际策略等。对于对话中的配套分析，教师要关注图片中人物或动物的行为、表达、心理状态、色彩搭配，以及场景布局等传递的意义，这些也是构成语篇主题意义的必要成分。

2.教学目标从学情中来

要想准确设定教学目标，教师就要实事求是地分析所教班级学生的真实学情。这一阶段学生的年龄和心理特点如何，学生的整体素养和知识基础如何，学生距离所处阶段学业水平要求的落差有多大，学生学习的难点在哪里，存在哪些问题，需要采取哪些针对性的有效策略和方法等。

基于学情的教学目标设定既要有上位的标准，又要有具体的切实可行、可达成的目标。

3.教学目标从课标中来

依托核心素养，培养学生的语言能力、文化意识、思维品质、学习能力。

（四）说清如何达成教学目标

在课堂教学目标确定之后，如何实现教学目标极为重要，它要求说课者根据教学要求和所教对象，说清如何运用相应的教学方法和教学策略达成教学目标，化解难点。

（五）说清教学过程

教学过程是课堂教学的主旋律，也是说课内容的主要部分，是说课的出发点和落脚点，所以教学过程要精。

一是要说出课堂教学的整体思路和环节，一般包括热身、导入、新知呈现、巩固提高、总结、拓展与评价、作业与板书等环节。

二是说出每个环节、每个层次、每个步骤的设想和安排，以及这样设想和安排的依据和预期效果。新课程标准特别强调培养学生的语言能力、文化意识、思维品质和学习能力，体现“教—学—评”一体化。作业设计既要面向全体，又要兼顾个体，分层设计，突出实践性。板书要醒目有序，说课时要说出板书的合理性。

第四节　说课与教案、备课、上课的关系

一、说课与教案的关系

（一）说课和教案是完全不同的两个教学概念

说课和教案之间既有着密切的联系，也有着明显的区别。从目的上讲，说课和准备教案都是为了上好一节课，都要求教师掌握和吃透教材的重点和难点，都要求教师明确教学的目标和重难点。

从内容上讲，说课和教案都离不开教材，但二者的侧重点截然不同：教案侧重于教学目标实施过程的安排和某种教学方法的实现；说课则侧重于对教学目标所采用的教学方法、教学手段及实施的理论依据的说明。

从对象上讲，说课的听众主要为教育工作者，说课者的说课本身带有一定的经验介绍和经验交流性质，对教师的理论要求比较高，而教案的服务对象是学生，要求教师通过教学活动达成教学目标，并不需要教师向学生讲解教学环节和教学活动设计的理论基础和依据。

因此，成功的说课者必须按自己的教学设计思路，有重点、有层次、有理有据地说清“Why to teach”“What to teach”“How to teach”，其中“Why to teach”就是说课者要讲清的理论依据。

（二）说课和备课的理论依据

《课标（2022年版）》中的指导思想、教学原则、教学要求、教学建议等，这是指导教师确定教学目标、重点、难点、教学结构以及教法、学法的理论依据。

教参中的编排说明、具体要求等。

《教育学》《心理学》中的教学原则、要求和方法等，这也可以作为我们确定教法、学法的理论依据。

教材内容和实际学情也是判断知识点是否契合实际的依据。

二、说课与备课的关系

(一)说课与备课的相同点

主要内容相同,都是相同的教学内容。

主要任务相同,都是课前的准备工作。

主要做法相同,都要学习课程标准,吃透教材,分析学情,选择教法,设计教学过程。

(二)说课与备课的不同点

概念内涵不同。说课属于教研活动,要比备课研究问题更深入。而备课是教学任务如何完成的方法步骤,是知识结构如何转化为学生认知结构的实施方案,属于教学活动。

对象不同。备课是把结果展示给学生,即面对学生上课。而说课是面对其他教师,说明自己为什么要这样备课。

目的不同。说课是帮助教师认识备课规律,提高备课能力;而备课是面向学生的,它促使教师撰写教学设计,优化教学过程,提高课堂效率。

基本要求不同。说课教师不仅要说出每一具体内容的教学设计,做什么、怎么做,还要说出为什么要这样做,即说出设计的依据是什么。而备课的特点在于实用,强调教学活动的安排,只需要写出做什么、怎么做和总结评价。

二、说课与上课的关系

(一)说课与上课的相同点

说课是对课堂教学方案的探究说明,上课是对教学方案的课堂实施,两者都围绕同一个教学课题,从中都可以展示教师的课堂教学艺术,都能反映教师语言、教态、板书等教学基本功。

一般来说,从教师说课的表现可以预见教师上课的水平。说课说出了教学方案设计及其理论依据,使上课更具有科学性、针对性,避免了盲目性、随意性。而上课实践经验的积累,又为提高说课水平奠定了基础。这些反映了说课与上课的共性和联系。

(二)说课与上课的不同点

要求不同。上课主要解决学什么、怎么学的问题;说课则不仅解决学什么、怎么学的问题,还要解决“为什么这样学”的问题。

对象不同。上课是课堂上教师与学生间的教学活动,说课是课堂外教师同行间的教研活动。上课的对象是学生,说课的对象是具有一定教学研究水平的领导和同行。由于对象不同,因此说课比上课更具有灵活性,它不受空间限制,不受教学进度的影响,不会干扰正常的教学;同时,说课不受教材、年级的限制,也不受人员的限制,大到学校,小到教研组。

评价标准不同。上课的评价标准虽也看重教师的课堂教学方案的实施能力,但更看重课堂教学的效果,重点看学生实际接受新知的情况;说课重在评价教师掌握教材、设计教学方案、应用教学理论以及展示教学基本功等方面。

四、全英说课稿案例

(一)说课稿一:外研版(三年级起)五年级下册 Module 10 Unit 1 Where are you going?

Good morning, teachers.

It's my great honor to be here to share my teaching design with you.

Today, my topic is “Where are you going?” And I will show my lesson in the following six parts, such as: analysis of teaching material, analysis of students, teaching procedures and so on.

Firstly, analysis of teaching material.

This lesson is taken from Book 6 Module 10 Unit 1. And it's mainly about ______ . It's related to our daily life. After learning this lesson, students will improve their listening and speaking abilities.

Secondly, analysis of students.

The students in Grade 5 have curiosity, good performance and good imitation. But they don't have so much basic English knowledge and better self-control and self-learning ability. And the skill of using English is limited. So I take the students as the masters of the class, with the help of “task” teaching, help them to learn.

Thirdly, teaching aims.

According to the New Curriculum Standard, I will set my teaching aims as follows.

No.1 Language competence

Students are able to understand the general idea of the dialogue with the help of pictures, PPT, and the teacher. They will understand the meaning of new words and phrases: airport, ticket, trip ... They can also use sentence patterns like "Where are you going?". After learning this lesson, they will have correct pronunciation, intonation and can do a role play; and they can talk about this topic by themselves from the aspects "where, what, who, when".

No. 2 Cultural awareness

After learning this lesson, Ss are able to talk about their trip and love their motherland.

No. 3 Learning ability

Students will be able to work with others to complete learning tasks in learning activities. Think seriously and explore actively. Try to find and solve problems in language learning in many ways.

No. 4 Thinking quality

Cultivate Ss' divergent thinking ability to find problems, analyze problems and solve problems and make the right evaluation of things.

So according to the above analysis, the teaching key points are the new words and sentences. The difficult point is the ability to talk about their trip from the aspects "where, what, who, when".

The next is teaching methods & studying methods.

As a saying goes "interest is the best teacher". So in order to make students love English, I will adopt: Task-based teaching method, TPR and Communicative teaching method.

About studying methods, I will use pair work, group work to lead the Ss to take an active part in the class. I will create real situation to help them to learn and communicate.

Fourthly, let's focus on the most important part of teaching procedures.It will be divided into five steps.

Step 1 Warm-up and lead in

At the beginning, I will sing a song with my students together like this "Hello, boys and girls. Let's sing a song together. Are you ready?" "Take out your ticket. Take out your passport. Yes, let's go. Yes, let's go." OK. Great. From the song, we can know we are going on a trip. So where are you going? OK. Today we'll learn the topic "Where are you going?".

Step 2 Presentation

First, I will design a scene and tell students that we are going on a trip. Now, we are at the airport. So students will check their tickets and other things. In this way, students will learn the new words, such as: airport, ticket, trip. They will read the new words after the e-pen.

In order to make it easier for students to remember the words. I will prepare a chant. The chant is "airport-ticket-trip, trip, trip; ticket-airport-trip, trip, trip".

Second, students will listen to the tape and read the dialogue in different roles. For example, the grandma will ask the students "Where are you going?", and students will raise their hands to answer "I'm going to the airport." It's the key sentences of this lesson. So I will write it down.

Step 3 Practice

There are two activities.

Activity 1 Drum game.

It means "Dong, dong, dong, games". The boys will play the word "ticket". The girls will play the word "trip". They will stand up and do some actions. Like this:

Trip trip, down down, ticket ticket, down down,

Trip down, ticket down, trip ticket, down down.

Activity 2 Group work.

The whole class will be divided into 3 groups: Group 1, Group 2, Group 3. I will give them a task. Students will use the new sentences to make their conversation. When they finished, I will invite some groups to come to the front of the classroom. They will show their work.

Step 4 Summary

I will make a summary together with my students. The purpose of this step is to help them recall what they have learned.

Fifthly, homework.

1. Let the students listen to the dialogue and read it to their parents.

2. Make a poster of your trip from "where, what, who, when".

Sixthly, blackboard design.

As you can see, I just wrote down the key words and sentences on the blackboard. It's very simple and clear for Ss.

That's all for my presentation. Thanks for your listening.

(二)说课稿二:外研版(三年级起)五年级上册 Module 5 Unit 1 It's big and light.

Good morning, teachers.

It's my great honor to be here to present my lesson with all of you. Today, my topic is "It's big and light." Now, I'll show it from the following parts.

Part 1 Analysis of teaching material

The topic is the first period of Module 5. It's selected from New Curriculum Standard Book 6. It's a listening and speaking lesson. This text is about Lingling's new bag.

Part 2 Analysis of students

The pupils of Grade 5 are active and have curiosity about new knowledge. They like new things. But they don't know how to choose. In this class, it can give them some ideas.

Part 3 Teaching aims

According to the New Curriculum Standard, I will set my teaching aims as follows.

No. 1 Language competence

Students are able to understand the general idea of the dialogue with the help of pictures, PPT, and the teacher. They will understand the meaning of new words, pharses and important sentences: hard, easy, has got, "It's big and light". After learning this lesson, they will have correct pronunciation and intonation. They will be able to describe things.

No. 2 Cultural awareness

After learning this lesson, students will learn how to choose the right things.

No. 3 Learning ability

Students will be able to work with others to complete learning tasks in learning activities. Think seriously and explore actively. Try to find and solve problems in language learning in many ways.

No. 4 Thinking quality

Cultivate Ss' divergent thinking ability to find problems, analyze problems and solve problems and make the right choose of things.

Part 4 Important and difficult points

Students can master daily adjectives, understand and use "has got".

Part 5 Teaching and learning methods

As a saying goes "interest is the best teacher". So in order to make my students love English, I will adopt: Task-based teaching method, TPR and Communicative teaching method.

About studying methods, I will use pair work, group work to lead the Ss to take an active part in the class. I will create real situation to help them to learn and communicate.

Part 6 Teaching procedures

Based on students' characteristics, I'll divide my students into two groups. Those who do the best will get a rain drop as a reward.

Step 1 Warm up and lead in

I'll greet my students. Then sing a song together. Just like this:

Fat, fat, fat,
I was fat.
Thin, thin, thin,
I am thin.
Short, short, short,
I was short.
Tall, tall, tall,
I am tall.

The aim is to attract students' attention to the class.

Step 2 Presentation and practice

1. I'll use the Reading pen to play the conversation. The students will listen and try to grasp the main idea of this passage. The students who do the best will get a raindrop as a reward. Then I'll present some new words: hard, easy. I'll sing a chant to practice the pronunciation about the words like this:

Let's learn some new words.

And say the words in English, please.

Repeat after me.

Say it again. Come on!

2. Using the multi-media to create a real situation. Before listening to the conversation, I'll give them several questions.

Question 1: How many bags are there?

Question 2: Which one did they choose at last? Why?

The students will listen carefully. And finish the question as quickly as they can. If they do it well, I'll praise them "Good! Great! Excellent". And give raindrops to them.

3. Listen again and try to present the new sentences.

Look at this blue one. It's big and light. Then, I'll ask my students to do some exercises. Two students put up a bridge and other students will stand in line. If we sing "London Bridge is falling down...", students will pass one by one. If we stop, students will practice the sentences.

4. Practice: Play a game "a big wheel".

I'll use the prepared wheel, which has different pictures about animals. Ask one student to spin it. When the pointer stop, students will make conversations with the partner.

For example: The pointed picture is two dogs.

Student A will say: Look, the black dog is so fat.

Student B: But the white one is thin.

After that, reward the team with good performance.

Part 7 Homework

1. Retell the dialogue to your parents.

2. Describe the things in your room.

Part 8 Blackboard design

This is my blackboard design. The title, the new words and the new sentences. It's very simple and clear for students. That's all. Thanks for your listening.

【感悟小语】

说课不可能面面俱到，说课者创设情境及预设问题应围绕教学目标和重难点，关系上应是层层递进与深入。要聚焦核心素养，注重培养学生的学习能力和正向的情感体验和价值取向。

说课必须在《课标（2022年版）》理念指导下，围绕教学目标、重难点、学科育人等方面说出亮点。在历经说课的磨炼后，执教者再上这一堂课的时候，已经不单单是自己一个人在上这堂课，而是凝聚了说课准备、实施过程、说后评价等汇集的各方面的经验。

说课活动是提高教师教育教学水平和教师基本素养的有效途径。通过说课，可改变教师备课不知其道、授课不得其法以及教材研究不透等问题。要想说好一节课，必须要了解本班的学情，对教材深入分析，正确制定出本教材的教学目标，确定教学的重难点。教师还要深入研究新课标、教学大纲，认真钻研教材，深刻体会和理解教材的编写意图，这样才能提高驾驭教材、驾驭课堂的能力。

第六章　评　课

第一节　小学英语教师基本功之听评议课

评课是一种常规教研活动，对于教师教学的提高起到重要作用，不管是比较成功的一节课，还是有待完善和提高的一节课，深入、细致、专业性的评课对执教者和听课者都能起到很大的帮助，尤其对于新入职的青年教师来说，每次听课、评课后都会得到顿悟和启迪。

评课的重要性不言而喻，听而不评，犹如“学而不思”“食而不化”。那么听课听什么？从哪些维度和视角切入？如何进行课堂观察？观察点有哪些？本节将重点回答上述问题。

一、何为课堂观察

课堂观察，即通过观察课堂的教学实施状况进行记录、分析和研究，并在此基础上谋求学生课堂学习的最佳效果、促进教师发展的专业性活动。

课堂观察与一般的观察活动不同。观察者有明确的目的，凭借自身感官及有关辅助工具（观察量表、录音录像设备等），直接或间接从课堂上收集资料，并依据资料做相应的分析和研究。课堂观察是教师课堂教学研究和学习的重要内容，为教师的听课、评课、议课提供依据和案例支撑。

（一）课堂观察是一种行为系统

课堂观察由明确观察目的、选择观察对象、确定观察行为、记录观察情况、处理观察数据、呈现观察结果等一系列不同阶段的不同行为构成。

（二）课堂观察是一种研究方法

课堂观察将研究的问题具体化为观察点，将课堂中连续性的事件拆解为一个单元，将课堂中复杂的情景拆解为一个空间单位。通过观察点对一个个单元进行定格、扫描、搜集、描述以及记录相关的详细信息，再对观察结果进行反思、分析、推论，以此改善教师的教学，促进学生的学习。

（三）课堂观察是一种工作流程

课堂观察包括课前会议、课中观察、课后会议三个阶段。课前会议讨论与确定观察的具体事宜，课中观察与记录，课后分析与反馈，构成了“确定问题—收集信息—解决问题”的工作流程。基于课堂观察，教师认识、理解、把握课堂教学，澄清教学实践的焦点，并在分析数据的基础上反思教学行为，寻求新的教学改进策略与方式。

（四）课堂观察是一种团队合作

在课堂观察的整个过程中，每一阶段都是教师之间多向互动的过程。教师借助课堂观察共同体，探究、应对具体的课程、教学、学习、管理上的问题，开展自我反思和专业对话，在改进课堂教学的同时，促使该团队的每一位成员都得到一定的发展。

课堂观察打破了传统的教师个人单纯地对授课知识的听评模式，它需要观察者、被观察者、学生之间开展合作，由此才能顺利地完成整个观察活动，尤其是解决课堂中的疑难问题。这就促使教师注重积极寻找、参与听评课的合作机会，以求同存异、尊重多元的心态对待听评课活动，通过对话、倾听、讨论等交流方式，开展多样化的针对课堂行为的合作研究，从而不断提高自身的专业能力和素养。

二、教师如何利用课堂观察框架

（一）课堂观察框架

课堂观察框架将课堂分解为学生学习、教师教学、课程性质、课堂文化4个维度，每个维度由5个视角构成，如学生学习维度包括准备、倾听、互动、自主、达成5个视角。每个视角由3～5个观察点组成，如学生学习维度的达成视角由3个观察点组成，它们分别是：①清楚这节课的学习目标吗？②目标达成有什么证据（观点/作业/表情/展示）？有多少人达成？③生成了什么目标？效果如何？这些观察点以问题的方式呈现，旨在引领教师思考某个视角的属性。

（二）课堂观察框架为教师理解课堂提供了一个支架

当一位教师深入理解了"课堂"真正含义，其就能描述课堂的构成。只有深入研究课堂才能真正做到有效教学，才能在不断的思考、学习和持续进步中逐渐形成自己的教学特色与教学风格。课堂观察框架的观察点为老师立足于"点"来思考课堂提供了支持，而这些观察点、视角和维度的综合又避免了"只见树木，不见森林"的问题，为老师理解课堂提供了支持。所以，课堂观察框架从"点"和"面"出发，最后落脚课堂研究的"立体、深入"，来引领教师理解课堂、反思课堂、改进课堂，提升教师教学的科学性、有效性、适宜性和专业性。

（三）课堂观察框架为教师选择观察点及开发观察工具提供了参照体系

在开展课堂观察的初期，教师们联系自己的教学实践，重点关注观察框架中每个维度的观察视角和观察点，寻找自己感兴趣的问题，从中确定自己的观察点。

在熟悉课堂观察后，教师可以根据自己的发展需要，从观察框架中寻找相关的观察维度、视角和点，设计自己的观察点。在主题式观察中，观察框架的架构体系为分析观察主题的属性提供了良好的分析思路。

观察点确定后，教师可以根据观察框架的架构体系选择或设计观察工具，如量表、记录单、调查问卷等，选择合作观察的伙伴，商讨分工合作的观察内容，研讨双方观察的规则等。在实际操作中，根据课堂观察框架选择观察点时，可以根据需要形成"一人一点，一人多点，多人一点"的观察模式。

三、如何确定课堂观察点

课堂错综复杂且随时有变化，要观察课堂里发生的每一件事是不可能的，课堂观察要求根据观察点的品质、观察目的和内容等事先确定好观察点。

首先，要根据观察点的可观察、可记录、可解释性来确定观察点。这是由观察的特点决定的。观察者只能观察到具体的行为表现，如师生之间的提问与应答、情境互动、指导与练习,教师的行为及教学方式的运用等。所确定的观察点还必须是可记录和可解释的,不可记录(教师和学生的思考情况)等于不可观察,不可解释就等于无观察。

其次,要根据观察者和被观察者个体的需要来确定观察点。处在不同发展阶段的教师关心的问题不同、需求不同,因而确定的课堂观察点也就不同。教师可以根据自己需要关注的教学环节或某一方面素养目标的达成情况来确定观察点,通过观察、研究作为自己改进的参照。实际上,观察者和被观察者的需求往往不一致,这就需要在课前会议中通过协商决定。

最后,要根据观察团队的需要来确定观察点。课堂观察团队形成的前提之一就是有共同的合作目标,或是共同研究的一个主题,或是形成团队的教学风格,或是改进课堂教学的某一方面,或是团队的科研课题目标等。因此,在确定观察点时还要考虑围绕团队的需要。例如,就学科教研组而言,在观察点的选择和确定上,要思考"本学科教研组当前课堂教学的提升要求和内容是什么?"确定具体的发展目标之后,就需要考虑与要求的主题密切相关的观察点,在此基础上制定观察流程——"设定—观察—反思—研究—改进",从而形成教研活动的有效跟进。

四、何为课堂观察的程序

课堂观察本身是一个行为系统工程,类型多样,观察点多元。另外,开展课堂观察需要一定时间的投入和教师的广泛参与。从提高观察效率来说,需要一套基本程序以保证课堂观察的日常化和规范化。课堂观察的程序主要包括课前会议、课中观察、课后会议。

(一)课前会议

课前会议指在课堂观察之前,观察者和被观察者集中进行研讨,确定课堂观察的目的、重点及量表制作等相关事项。其目的在于给参与人员提供沟通交流的平台,便于观察者较快确定自己的观察点,为后续的展开奠定基础。课前会议最好是听课的前一天举行,持续时间视具体情况而定,一般至少需要15分钟。

需要注意的是,课堂观察追求的是在自然状态下的教学研究,"磨课"不属于课前会议的范畴。课前会议作为课堂观察的起点,整体规划的作用十分重要,准备越充分,观察者就越能从课堂情境中收集到更多有教学研究价值的资料。

(二)课中观察

课中观察指进入课堂研究过程,在课堂中依照事先的计划及所选择的记录方式,对所需的信息进行记录。观察者进入现场之后,根据课前会议制定的观察量表,选择恰当的观察位置、观察角度,迅速进入观察状态,通过不同的记录方式,采用录音、摄像、笔录等,将定量和定性方法结合起来,记录观察到的典型行为,做好课堂实录,记下自己的思考。课中观察是整个观察系统的主体部分,所采集到的信息资料是课后会议分析的信息基础。课中观察的科学性、可靠性关系到研究的信度和效度问题以及针对课堂观察改进的课后分析报告的质量。

(三)课后会议

课后会议指在观察结束后,观察者和被观察者针对上课的情况进行探讨、分析、总结,在研讨的基础上达成共识,制订后续行动跟进方案的过程。

课后会议一般分为分析观察结果、思考和对话、提出改进建议。持续时间视情况而定,一般至少需要30分钟。被观察者结合课堂教学的具体情况,对课前会议所制订的目标的达成度进行自我反思。每位观察者围绕课前会议确立的观察点,根据自己所采集的课堂观察的信息,提出基于有效教学的改进建议和对策。

在课后会议的基础上,观察者对观察资料进行分析、整理,形成观察报告。课后会议旨在使观察者与被观察者进行有效的专业探讨,通过多视角、多方位寻找有效提升教学的策略,实现课堂观察的目的。

五、为什么要学习听评议课

当前新课程改革的背景下,客观、公正、科学地听评议课,对探讨课堂教学规律、提高课堂教学效率、促进学生全面发展、促进教师专业成长、深化课程改革有着十分重要的意义。

(一)促进教师转变教育思想,确立课改理念,更新教育观念

《课标(2022年版)》实施以来,小学英语的教学目标实现了从三维到“四维+”的转变,提出了“教—学—评”一体化的教学评价的教学建议,明确指出了教师角色、教学目标、教学方式、教学策略等方面的变化,听评课是促进教育教学提升的重要方式之一,它的方法和原则也理应随之改变,只有这样才能顺应

英语教学发展的方向，提高英语课堂教学评价的效果，推动小学英语课堂教学的有效提升。

教师承担着培育时代新人的重任。教师自身的先进教育思想不仅是课堂教学的灵魂，也是做好听评议课的前提，更是教师做好教育教学工作的内在支撑。评课者只有用先进的教育思想和超前的课改理念去分析、审视每一节课，才能对课的优劣作出客观、科学的思考和判断，才能给授课者恰当的指导，促进授课者转变教育思想，更新教育理念，遵循教育教学规律。

（二）帮助和指导授课教师不断总结经验，提高教学水平

在平时的教学中经常发现，同一个班级的学生，在面对不同老师上课的时候会呈现不同的状态。有些平时积极活泼的学生面对新教师，可能会表现沉闷；有些学生虽然平时课堂表现低沉，不积极参与教学活动，但面对新教师时却表现出异乎平常的活跃。

以上现象提示观察者，在评课中需要观察、发现授课教师的教学经验及教学个性，及时肯定他们积极的教学特点，帮助授课教师提升专业素养和教学技能。

（三）有利于信息的及时反馈、评价与调控，调动授课教师的积极性和主动性

通过评课，把教学活动的相关信息提供给授课教师和学生，以便更好地调节教学活动，使课堂教学的目标更明确、方法更得当。

首先，评课的反馈信息帮助授课教师更真切地了解教学实施的效果，反思课堂教学优劣的原因，及时调整教师的教育教学工作，激发教师的积极性、创造性，以便更好地完善教学。

其次，积极的反馈评价可以调整学生的学习活动。积极的评价对学生的学习会起到鼓励作用。通过评价反馈，强化学生学习的积极性和主动性，同时也纠正了学生学习中存在的错误行为，提高了学习效率。

评课的最终目的是改进与提高，评课是研究课堂教学最直接、最具体、最有效的教学教研方式之一。

第二节 小学英语评课方法

听评课活动是小学英语教研的常态形式,也是促进教师进步、教学提高的有效方式。但听评课不是随意的、无章可循的。《课标(2022年版)》对于课程实施的教学建议给出了明确的指导性建议:落实“教—学—评”一体化。

一、听评课的理论依据

(一)理论标准

教学评价应贯穿英语课程教与学的全过程,教师要充分理解评价的作用,明确评价应遵循的原则,准确定位学生的培养目标,基于正确的学生观、教师观,基于评价目标来选择评价内容和评价方式,将评价结果应用到进一步提高教学和学生学习成效上,落实“教—学—评”一体化。这就要求听评课既要关注教师的教,又要关注学生的学。评价行为贯穿于整个教学活动的全过程,而不是仅仅停留在传统意义上的教学活动之后的教学评价与反馈。

(二)课程评价

课程评价是对课堂教学活动过程与结果作出的一系列评判行为。课程评价主要涉及学生学业成就的评价与教学专业活动的评价。评价旨在促进小学英语教育教学的适宜度,为教师改进和优化教学提供有力的依据,促进学生全面发展。

二、听评课的作用

在小学英语教学实践过程中,听评课活动对于教师的教和学生的学起着十分重要的检测、反馈和促进作用。它有助于学生不断体验英语学习的进步,更加全面地认识自我、发现自我,提高并保持英语学习的兴趣和自信心,有助于教师获取英语教学的反馈信息,对自己的教学行为和效果进行反思,促进提高教学水平和专业能力,有助于学校和教育行政部门及时了解英语课程的实施情况、课程目标的达成程度和人才培养的实际效果,不断改进教学管理,推进课程实施,提升课程育人质量。

三、听评课的有效实施

（一）课前会议

根据听评课的听课人员范围及组成，在听课前召开一次时间15分钟左右的会议，课前会议人员一般包括听评课的教师、授课者，确定课堂观察的目的、观察点（可以根据需要确定侧重点）、重点及量表制作等相关事项。

（二）课中观察

课中观察指进入课堂听评课的研究过程。在课堂中依照事先的计划及所选择的观察点和记录方式，对所需信息进行记录。根据课前会议制定的观察量表，选择恰当的观察位置、观察角度，迅速进入观察状态，通过不同的记录方式和技术手段，将定量观察和定性观察结合起来，记录观察到的典型行为，做好课堂实录，记下自己的思考。

（三）课后会议（反馈研讨/评课总结）

课后会议（一般不超过30分钟）包括以下3个方面：被观察者（这里主要指授课教师）就本次授课进行说课或反思；分析观察结果、思考和对话；提出改进建议。

四、听评课案例

（一）课前会议

参加人员：授课教师雷文文、英语组全体教师。

授课主题：外研版（三年级起）四年级下册“Module 3 Unit 1 Robots will do everything.”。

会议时长：15分钟。

授课提供资料：教学设计。

课堂观察目的：通过师生、生生互动的课堂教学活动，促进学生积极参与，不断体验英语学习的进步，提高自我认知，保持并提高英语学习兴趣和自信心，提高语言能力、思维品质、文化意识和学习能力。

确定课堂观察点。维度一：学生学习。观察视角（5个）：准备/倾听/互动/自主/达成。（听评课小组可根据听课者的观察需求，选取5个观察视角中的一个或几个来重点观察，也可以全部观察，但小组内的观察点总体不能有空项。）

确定采用观测量表。维度一：学生学习量表。

（二）课中观察

听评课教师根据小组合作分工，依据自主选取的观察视角，运用提前确定的观察量表，有目的地听评观测，迅速进入观察状态。通过不同的记录方式和技术手段，采用定量和定性相结合的方法，记录观察到的典型行为，做好课堂实录，记下自己的思考。

（三）课后会议（反馈研讨/评课总结）

课后会议（一般不超过30分钟），内容如下：授课教师就本次授课进行说课或谈教学反思；分析观察结果，进行小组研讨；提出改进建议。

五、授课者的教学设计（授课前原稿和反馈后的修改稿）

授课主题：Module 3 Unit 1 Robots will do everything

执教教师：雷文文

教学设计原稿如下。

（一）教材分析

本课教学主题为“Robots”，其语法功能是学习用will谈论将来可能发生的事情。话题贴近学生的日常生活，学生能够从自身兴趣出发，在真实的语言环境中积极运用所学知识，探讨机器人的未来发展趋势，充分体现学生在学习过程中的主体地位。

（二）学情分析

本课的教学对象是四年级学生，他们已经有一定的英语学习基础。在新语言知识点的学习过程中，教师应积极运用教材提供的学生所喜爱的机器人话题，给学生创设相关的语言情境，让学生在情境中自然习得、自然运用、大胆实践，形成自主学习能力。在《新标准英语》第三册中，学生已经学过用情态动词can来描述能力，在第四册第三模块中学生又初步学习了第一人称、第二人称用will来描述将来可能发生的事情。所以本课的教学内容只是把已经学过的知识有机地结合起来，改换人称，学生掌握起来比较容易。

（三）教学目标

知识目标：

①能听懂、会说并认读以下单词和短语“robot、everything、housework、

learn、our、one day”；

②能听懂、会说并认读以下句子“Robots will do everything. They will do the housework. They will help children learn. They won't do our homework.”。

能力目标：

①能够流利地朗读课文对话并分角色进行表演；

②能在图片或卡片的帮助下运用will来描述将来可能要发生的事情；

③能借助运用can来描述能力。

情感目标：

①通过课文表演、游戏、小组活动等方式培养学生学习英语的兴趣及积极性；

②通过对本课robot的学习，让学生认识到现代高科技给人类生活带来的巨大影响，培养学生热爱科学、勤于思考的积极情感。

（四）教学要点分析

教学重点：

①能正确理解新单词的意思及用法，通过录音跟读培养标准的语音、语调；

②能正确运用will句型来描述将来可能发生的事情；

③能正确运用情态动词can来描述能力。

教学难点：

①理解will和can在表达意义上的区别并能正确运用；

②能用will对将来可能要发生的事情进行提问及回答。

（五）教学准备

点读笔、单词贴、多媒体课件。

（六）教学过程

Step 1 Warm-up and lead in

①Greetings.

②Watch a video about robots and imitate to dance.(All of you dance very well.)

③Show a picture about robot. 学生在欣赏机器人图片的过程中学习robot这个新单词。通过图片引出其复数robots,从而导入本单元主题“Robots will do everything.”。

Step 2 Presentation

①Look and say: What can Amy and Sam do?

Sam can ride a bike. He can ride his bike.

Amy can fly a kite. She can fly her kite.

强调形容词性物主代词his和her。

Listen and chant.

②Watch and answer the question: What can a robot do?

展示动图,并做动作。

Ss: It can walk. It can talk.

强调walk和talk这两个动词。

③Listen and repeat the text in Page 14.

(板书:Robots can talk/walk.)

T:Now robots can talk and walk. What will robots do in the future? 通过ill学习will。

T:Daming says, “One day,robots will do everything.”

通过以前学过的单词every+thing,学习everything(贴单词贴Robots / will /do everything)。

抛出问题:Will robots do everything?

④Watch and circle: will &won't,学习won't(贴单词贴)。

⑤Free talk: 引出housework,通过以前学过的单词house+work,学习housework。

T: Will robots do the housework?

Ss: Yes, they will do the housework.

(贴单词贴do the housework)

What housework will robots do?(展示图片)

Robots will cook / walk dogs / do the washing…

学习learn，通过语文和英语课本的图片引出learn English /Chinese，出示课本上的图片并抛出问题：Will robots help children learn?

Ss：Yes，they will help children learn.（跟读do the housework并贴单词贴）

Home＋work引出homework

T：Daming has a dream. Robots will do our homework. Will they?

Ss：No，they won't.并抛出问题Why？引导学生思考。

T：If robots do everything，something bad will happen.（show pictures）

⑥情感教育：Keep thinking and creating! Try to be a creative child!

⑦Listen and repeat.

（Pay attention to the pronunciation and intonation.）

Step 3 Practice

①Make a role play，then show us.

② Do Activity 4. Make new sentences according to "Robots will make cakes".

③Imagine a robot and write down the key words，then introduce the robot to the class.

④Watch a video about intelligent robots，and judge two sentences.

Step 4 Summary

Robots can talk and talk.

According to the robots on the blackboard，retell the key sentences.

Step 5 Homework

①Read the text for 3 times.

②Write the key sentences for 1 time.

③Draw a new robot and introduce it to the class.（Choose to do it or not）

板书设计

Module 3 Unit 1 Robots will do everything

	can talk/walk.
Robots	will …
	won't …

授课后的教学设计修改稿(见表6-1)

表6-1　Module 3 Unit 1 Robots will do everything. 教学设计

学情分析	本课的教学对象是四年级学生,他们已经有一定的英语学习基础。在新语言知识点的学习过程中,教师应积极运用教材提供的学生所喜爱的机器人话题,给学生创设相关的语言情境,学生在情境中自然习得、自然运用、大胆实践,形成自主学习的能力。在《新标准英语》第三册中,学生已经学过用情态动词can来描述能力,在第四册第三模块中学生又初步学习了第一、第二人称用will来描述将来可能发生的事情。所以,本课的教学内容只是把已经学过的知识有机地结合起来,改换人称,学生掌握起来比较容易。
课时教学目标	①语言能力:在语境中,与同伴交流并介绍机器人现在能做并且将来会做什么事情。 ②学习能力:能仿照范例,用will来描述图片中机器人将来会做的事情;独立或合作设计自己的机器人,介绍自己的机器人现在能做以及将来会做的事情。 ③思维品质:理解will和can在表达意义上的区别并能正确运用,能用will对将来可能要发生的事情进行提问及回答。 ④文化意识:引导学生保持积极思考并富有创造性。
教学重点	①能正确理解新单词的意思及用法,通过录音跟读培养标准的语音、语调。 ②能正确运用will句型来描述将来可能发生的事情。 ③能正确运用情态动词can来描述能力。
教学难点	①理解will和can在表达意义上的区别并能正确运用。 ②能用will对将来可能要发生的事情进行提问及回答。
教学辅助	点读笔、音箱、单词贴、多媒体课件
教学策略	TPR, Situational teaching method, Task-based teaching method

续表

教学内容	教学活动	设计意图
Step 1 Warm-up and lead in	Greetings. Watch a video about robots and imitate to dance. (All of you dance very well.) Show a picture about robot.学生在欣赏机器人图片的过程中学习robot这个新单词。通过图片引出其复数robots,从而导入本单元主题"Robots will do everything."。	既活跃了课堂气氛,又自然而然地引出本单元的主题。
Step 2 Presentation	1.Look and say: What can Amy and Sam do? Sam can ride a bike. He can fly his bike. Amy can fly a kite. She can fly her kite. 强调形容词性物主代词his和her。 2.Listen and chant. 3.Watch and answer the question: What can a robot do? 展示动图,并做动作。 Ss: It can walk. It can talk. 强调walk和talk这两个动词。 4.Listen and repeat the text in Page 14. (板书Robots can talk/walk.) T:Now robots can talk and walk. What will robots do in the future? 通过hill、ill学习will。 T: Daming says, "One day, robots will do everything." 通过以前学过的单词every+thing,学习everything。 (贴单词贴Robots /will /do everything) 抛出问题:Will roboyts do everything? 5.Watch and circle: will & won't,学习won't。(贴单词贴) Free talk. 引出housework,通过以前学过的单词house+work,学习housework。 T: Will robots do the housework? Ss: Yes, they will do the housework. (贴单词贴do the housework) What housework will robots do? Robots will cook/walk dogs/do the washing.	复习can的用法,并用chant激发学生的兴趣,活跃气氛。 通过观看视频和图片,学生感知机器人现在能做的事情(talk/walk)。 用自然拼读法学习。

续表

教学内容	教学活动	设计意图
	6.学习learn,通过语文和英语课本的图片引出learn English /Chinese,出示课本上的图片并抛出问题:Will robots help children learn? Ss:Yes, they will help children learn. (跟读do the housework并贴单词贴) 7.Home＋work引出homework T:Daming has a dream. Robots will do our homework.Will they? Ss:No, they won't.并抛出问题Why? 引导学生思考。 T:If robots do everything, something bad will happen. (show pictures) 情感教育:Keep thinking and creating! Try to be a creative child! 8.Listen and repeat. (Pay attention to the pronunciation and intonation.)	通过结合之前学过的单词,学习合成词everything/housework/homework。 在听、读、看的过程中,提取、梳理机器人将会做的事情。 通过做作业的问题引发学生思考:Will robots do everything? 并通过机器人大战的图片,激发学生保持思考和创造性。
Step 3 Practice	1.Make a role play then show us. Do Activity 4. 2. Make new sentences according to "Robots will make cakes". 3. Imagine a robot and write down the key words, then introduce it to the class. 4. Watch a video about intelligent robots, and judge two sentences.	仿照范例,用will来描述图片中机器人将会做的事情,提高学生的语用能力; 独立或合作设计自己的机器人,介绍自己的机器人现在能做以及将来会做的事情,提升学生的创造能力; 感知未来机器人带给人类的便利。
Step 4 Summary	Robots' ability: Robots can talk and talk. According to the robots on the blackboard, retell the key sentences.	通过学习,尝试总结机器人现在能做以及将来会做的事情。

续表

教学内容	教学活动	设计意图
Step 5 Homework	1.Read the text for three times. 2.A:Write the key sentences again. B:Draw a new robot and introduce it to the class. (A or B, please choose one to do.)	提高学生的实际语言运用能力及创新能力。
板书设计	略	

六、"Robots will do everything."教学反思

本节课的主要内容是小学新标准英语外研版(三年级起)四年级下册的Module 3 Unit 1,主要学习can talk/walk、do everything、help children learn、do our homework 5个动词词组的运用,并能够运用句型"It can ..."以及"Robots will/won't..."简单介绍机器人能做以及将会做的事情。

本节课以听、说训练为主线。通过看、听、说、演练等一系列教学活动,学生能够获得最基本的英语听说能力。学生通过参与主题活动激发出了强烈的学习愿望,提高了自身的综合素养。

首先,以歌曲鼓励学生尝试模仿视频中的动作,从而引出新单词robot以及robots,继而引出本单元的主题"Robots will do everything."。其次,授课过程中通过结合学过的简单单词学习本单元的合成词,学生能够更容易掌握单词的认读和运用。再次,通过视频、图片等方式引导学生探索机器人现在能做、将来会做的事情。课中通过"Robots won't do our homework."引导学生思考机器人不会做我们家庭作业的原因,从而升华本单元的主题"Keep thinking and creating! Try to be a creative child!"。最后,通过智能机器人的拓展视频资料,学生感受到未来机器人给我们的生活带来的的便利与美好。并通过思维导图及用单词卡拼成的小机器人总结本单元的重点内容。

依据《课标(2022年版)》的要求,小学英语教学必须根据小学生的学习特点,创建以活动课为主的教学情境。重点培养学生从学到用的语言实践能力、思维品质和学习能力。采用听、说、唱、玩、演的方式,鼓励学生积极参与,大胆表达,引导学生从动口到动脑,再到参与教学活动。另外,创设情境也是必备的教学技巧。学生积极参与到学习中,变被动学习为主动学习,相互交流。

这节课还存在一些不足之处，比如各环节之间的衔接不够紧密，在学习learn这个单词时，没有在恰当的时候出现learn English和learn Chinese；处理robots will/won't句型时与生活链接不够。

七、听评课观察维度

维度：学生学习。

视角——观察点。

1. 学习目标达成

①学生的课堂听读如何？是怎样听读的？

②参与语言如何？有多少学生参与了语言使用？

③学生的知识输入和输出怎么样？

2. 学习注意力

①有多少学生能专心倾听老师的讲课？能专注倾听多少时间？

②有多少学生能积极参与学习活动？

③学生在倾听和参与操练活动时有哪些辅助行为（记笔记/查阅/回应）？有多少人？

3. 自信心

①学生有哪些良好的学习行为？学生的良好学习行为能为目标达成提供帮助吗？

②积极参与提问/回答的人数、时间、对象、过程、质量如何？

③参与小组讨论的人数、时间、对象、过程、质量如何？

④积极参与课堂活动（个人/小组）的人数、时间、对象、过程、质量如何？

⑤学生的互动习惯怎么样？出现了怎样的情感行为？

4. 互动程度

①学生自主积极地参与学习活动情况如何？

②师生互动情况如何？（探究/记笔记/思考/提问）

③生生互动情况如何？学生有无自主探究活动？

④学生有无创新性互动？

5. 学习成果

①学生习得知识的达成度如何？

②预设的目标达成有什么证据（观点/作业/表情/板演/演示）？有多少人达成？

③这堂课产出了什么？效果如何？

八、教师课堂观察量表

课堂观察维度—— 学生学习

课题名称 ______ 执教者 ______ 观察者 ______ 观察日期 ______

表 6-2 教师课堂观察量表

项目一级编码	二级编码
学习目标	是否达成了知识目标？ 是否达成语言能力目标？ 是否达成独立/互助/合作？ 是否达成了素养目标？
学习注意力	是否积极参与课堂活动？ 是否主动回答问题？ 是否积极参与小组讨论？ 是否完成课堂作业？
自信心	学生是否有良好的学习习惯？ 学生是否能认真听讲？ 学生是否能记录笔记？ 学生是否能做到积极复习？
互动程度	学生是否积极参加课堂活动？ 师生互动是否积极？ 生生互动是否积极？ 学生有无创新性互动？
学习成果	学生在课堂中是否能掌握新知识？ 学生在课堂中是否掌握新技能？ 学生是否能把新知识运用到学习活动中？ 学生是否能把新的学习技能运用到新语境中？

九、教师课堂观察量表数据分析反馈

课堂观察维度——学生学习

课题名称：Module 3 Unit 1 Robots will do everything

执教者：雷文文

观察者:刘玉霞

观察日期:2023年3月10日

观课和评课是衡量小学英语课堂教学质量的重要手段。从学生学习维度进行观课和评课,可以帮助教师全面地了解学生的学习状况和需求,及时调整教学策略,提高教学效果。

本次观察的是外研版(三年级起)四年级下册的英语课,总时长为35分钟,共有52名学生参加。观察的重点是从学生学习视角出发,观察教师教学方式和学生学习情况,并进行分析和总结,以便提出相应的教学建议。

学生学习的几个观察点如下。

学习目标:观察学生是否能够达到预定的教学目标。

学习注意力:观察学生是否积极参与课堂活动,是否主动回答问题、参与小组讨论、完成课堂作业等。评价时可以根据参与度的高低给出分数,或者对比不同学生参与度的差异,思考原因并提出改进建议。

自信心:观察学生是否有良好的学习习惯,是否有积极的学习态度,例如认真听讲、记录笔记、及时复习等。

互动程度:观察学生是否积极参与课堂活动,与教师和同学之间是否有积极的互动,生生互动是否积极,学生有无创新性互动。评价时可以根据学生的表现给出分数,或者对比不同学生的参与度和互动程度,思考原因并提出改进建议。

学习成果:观察学生在课堂中是否能够掌握新的知识和技能,是否能够熟练运用到实际情境中。评价时可以根据学生的表现给出分数,或者对比不同学生的成果,思考原因并提出改进建议。

就这几个观察点进行分析,结果如下。

在这堂课中,雷老师通过多媒体展示图片和视频来引导学生学习。在课堂开始前,雷老师明确了本节课的学习目标,有利于学生在学习过程中保持目标意识。雷老师通过多种互动方式来促进学生的参与和学习,利用图片和视频来激发学生的好奇心和兴趣,通过提问和游戏等方式来调动学生的学习积极性。学生们在课堂上表现积极,热情地回答老师的问题,积极参与课堂中的游戏和互动环节。总的来说,这堂英语课教学效果良好。老师通过明确的学习目标、丰富的互动方式和多种教学手段,帮助学生巩固学习成果。

教学建议:在今后的教学过程中注重学生学习维度的多元性和个性化,根据学生的实际情况和需求,采用不同的教学手段和策略,以便更好地满足学生的学习需求和促进学生的全面发展。

【感悟小语】

《义务教育英语课程标准(2022年版)》对于英语教学评价的相关建议为落实“教—学—评”一体化,这充分体现了教学评价的育人价值和意义。

听评议课是教师日常教学工作中的教学延伸,是评课者对授课教师的课堂教学进行课堂观察后,从不同的视角对课堂教学进行评价和反馈。听评议课不仅是加强教学常规管理的需要,更是进行教学科研、深化课堂教学改革、促进学生全面发展、助推教师专业水平提高的重要途径和方法。

既然听评议课有其他活动不可替代的优势,那么教师就要在平时的教学工作中力争把这一活动做实做细。每一位教师应做到以下几点:一是要积极参与听评议课活动;二是要选取自己需提高和研究的视角进行有效的课堂观察;三是认真对待反馈环节,客观、科学地反馈自己的课堂观察总结和思考,同时借此机会认真听取和学习其他老师的观察反馈和思考,并积极参与交流活动,以求得到新的深入思考和专业提升,及时反思、调整个人的课堂教学策略,逐渐形成个人的教学风格。

在当前新课程改革的背景下,客观、公正、科学地评价课堂教学对探讨课堂教学规律、提高课堂教学效率、促进学生全面发展、促进教师(尤其是新入职的青年教师)专业成长、深刻理解并落实新课标、深化课程改革都有十分重要的意义。

第七章　教育科研

第一节　教育科研的内涵和概述

离开教学谈教研等于纸上谈兵，离开教研谈教学是盲人摸象，二者之间有着不可分割的关系。要想成为一名智慧型、科研型、专家型教师，就要注重在教学实践中不断思考、归纳、总结教学实践经验，在这个过程中，教育科研则成为教师教学研究的助推剂。

关于教育科研的定义和内涵有多种描述方式，但其本质意义是相通的，现列举对教育科研的两种描述。教育科研是教育科学研究的简称，是指人们运用科学的方法探求教育事务的真相和性质，摸索和总结其教育规律，并取得科学结论的研究活动过程。教育科研是以教育科学理论为武器，以教育领域中发生的事情为现象，以探索教育规律为目的的创造性的认识活动，简言之，是用教育理论研究教育现象，探索新的未知的规律，以便发现新情况、解决新问题，为实施核心素养为导向的教育，深化教育改革服务。

教育科研是教育工作者对教育领域的对象、现象及其规律的一种创造性认识活动。教师在教育教学实践中，逐渐地认识教学现象及其规律性，进一步探求科学的教育教学方法，以最新的教育理念指导教育教学工作实践，不断提高教育教学质量，获取最佳的教育效果。

一、教育科研的特点

认识、了解、把握教育科研的特点，可以帮助教育工作者全面、正确地认识教育现象的本质和规律。

（一）教育性

教育科研的教育性是由学校的教育任务和教育目标所决定的。教育科研以一定的教育任务和教育目标为导向，根据特定阶段学生接受教育的特点，研究和探索更科学、更合理的教育内容和方法，努力提高教育质量，使教育更遵循学生的身心发展规律。教育科研必须把教育人、培养人、塑造人作为出发点和归宿，把教育贯穿于教育科研的全过程，体现在教育科研的各个环节中。

（二）科学性

教育科研的科学性主要表现在以下两个方面。

研究方法的科学性。教育科研从根本上说，是按照教育科研方法的规定进行的，而这些方法经过多年的实践证明是科学的、有效的，是教育科研规律的反映。研究方法的科学性决定了研究过程的科学性，从而使教育科研成为一种理论的科学探索。

研究成果的科学性。教育科研的本质在于探求教育事务的真相、性质和规律，以便更深刻地认识教育，运用教育规律，进一步提高教育教学的质量。

（三）探索性

教育科研是在已知的基础之上，探索未知的认识过程。其具体表现在以下几个方面。

教育科研需要一定的教育理论基础和教育实践经验。教师原有的教育理论基础、教育教学水平和研究能力越高，就越容易取得高水平的成果。为此，教师搞教育科研最好是选择那些自己熟悉并有一定研究基础的问题作为科研课题。

教育科研的计划需要不断完善，不断修改。教育科研要制订研究计划，但这种计划是凭着过去的经验制定的，在教育科研过程中，要坚持主观计划服从客观实际的原则，发现问题要及时对计划进行补充与修改。

（四）创新性

教育科研不能走别人走过的路，重复别人已经做过的研究，复述前人已经解决的问题，而是在接受前人成果的基础上，进入前人没有进入或者没有完全征服的领域，解决前人没有解决或者没有完全解决的问题。

教育科研的创新性主要体现在以下两个方面。

科研课题承担者要有创新意识与能力，要勇于向已有的前期研究挑战，并能够提出大胆的具有创造性的猜想与假设。在科研的过程中不要受制于某种理论或模式而限制了大脑的思维，要坚持实践是检验真理的标准的原则。

教育科研成果的创新性。对于小学英语教师来说，创新性成果必须是前人从未曾提出过的观点、理论，它经过实践的检验且被证实符合实际需要，对教育教学工作有指导意义，对提高教育教学质量发挥重要作用。

（五）应用性

教育科研的主要任务是研究教育工作中急需解决的现实问题，为教育实践、教育改革服务。实践，研究，再回到实践中去，是小学教育科研发展的轨迹。教育科研只有置身于教育、教学实践当中，面向实际，面向教育改革，面向核心素养教育，着眼于实践应用，才会有强大的生命力。

实践证明，教育科研只有与日常的教育、教学工作密切联系，这些研究才有实质的研究价值和意义，才能得到广大教育工作者的积极参与和支持。只有当研究成果在实践中应用并取得一定成果，教育科研活动才能进一步开展，并得以坚持。

（六）实效性

教育科研的实效性主要是指在教育科研的过程中，必须提高教育教学质量和效果。教育科研应以解决实际问题为突破口，并将教育科研融入教育教学工作之中，使教育科研工作化，教育教学工作科研化。

（七）团队性

开展教育科研必须依靠团队力量。

一是理论专家。他们有坚实的理论基础和较高的学术造诣，有一定的教育科研能力，应当充分发挥他们的指导作用。

二是教育行政人员。他们有丰富的领导教育工作的经验，能掌握宏观的教育情况，可以依靠他们较强的组织协调能力、管理实践经验来加强科研团队的科研工作力度。

三是一线教师。他们有丰富的教育实践经验，掌握了大量的第一手资料，是教育科研的主力军。教育科学理论只有在教育科研实践的基础上，才能接近教育实践需要，寻求解决教育教学中出现的问题的有效策略，切实指导教育教学工作。

教科研团队的建设，是教育科学的理论指导、理论应用与技术应用相互结合的必由之路。教育教学研究绝不仅仅是专家学者的事，而是推进教育教学事业发展的一项重要研究工作，必须充分调动教师参与教育科研的积极性。

（八）长效性

小学英语教育科研的长效性，是指教育科研的成果的显现以及在实践中的推广运用需要有一个过程，不是立竿见影的，而是一个持续发挥作用的过程。教育科研是具有超前性的，因此不能因为短期效果不显著就否定其价值。

小学英语教育教学科研的持续开展，直接提高了小学英语教师的科研热情和积极性，教育教学中存在的瓶颈问题有了解决的路径和导向，为更好地落实新课标、改进教育教学方法提供了探索平台和条件。

总之，只有掌握小学教育科研的以上特点，才能从各方面调动教育工作者开展教育教学研究的积极性，才能扎实有效地推进教育教学改革。

二、教学与科研的关系

（一）新观点

传统的教学观认为教育科研是大学阶段或教育专家学者的事情，作为一线小学英语教师只要教好课就行了。但随着社会的发展和教育改革的逐步深入，教育科研在教学实施过程中愈发凸显它的必要性和重要性，教学和科研是学校发展的重要工作。在日常实际工作中，只有明确了教学与科研的关系，才能使教学与科研互相促进。

（二）新变化，新思维

伴随着我国经济、文化、教育的变革，基础教育的功能已从注重传播知识、单一强调教学职能，转向了培养德、智、体、美、劳全面发展的育人功能。教育模式、教学方式也随着教育思想的改变发生着巨大的变化，逐步形成在科学研究中开展教学活动，以科研成果赋能日益发展的教学改革，使教学与科研互动、相长,并成为基础教育发展的常态策略。

(三)新定位,新高度

教学与科研是一个不可分割的统一体,二者既不矛盾,也不能相互代替。没有科研的教学是不完整的教学,没有教学的科研不是真正的科研。首先,教学和科研是一个整体,共同建构了学校的育人环境。学校的一切工作都应以培养人才为中心,只有在"教育即育人"这个目标下审视教学和科研所承担的功能,才能找到教学与科研的最佳结合点。科学研究是创造知识和培养人才的源泉。教师积极参与并推动科学研究,科学研究创造的价值又会成就研究者,进一步支持和推动人才培养,其内在的联系形成一个良性循环,共同构成学校教育的整体环境。其次,教学与科研互动是学校发展的主旋律。在实际工作中,教育教学的高质量发展离不开教学和科研的和谐统一。

三、当前理解"教学与科研"关系的三种观点

观点一:教学工作是学校的主体,学校的一切活动都应以教学工作为中心,科研也不例外。

观点二:教学和科研,关键核心是科研,没有科研的学校就不能称为学校。

观点三:教学和科研相统一、相关联、相促进,缺一不可,科研从教学中来,教学促进科研,科研又为教学服务。

观点辨析:观点一和观点二都只强调了事物的一个方面,只突出了教学与科研单方面功能,而没有看到二者之间相互联系、相互促进的一面。观点三科学、辩证、全面地分析了二者之间的联系和功能,明确了教学和科研在学校教育中的地位和作用。作为新时代的教师,我们理应辩证地认识和理解教育教学和教育科研的重要性和不可或缺性,在教育教学工作中积极主动、持续地进行教育科学研究是保持教育教学思想理念和技能常新的不竭动力。

四、学校开展科研的必然性

科学技术飞速发展的今天,知识的不断更新给教育带来巨大的压力与挑战,当然也给教科研提供了驱动力,同时对教学内容的广度和深度、教学方法的灵活度、教学的高效性等方面也提出了前所未有的高标准和高要求。教师如何教,学生怎么学,始终是教学改革的首要话题,因此开展科研是教育发展的必要条件之一。

传统的教育思想以教学为中心，现代教育思想强调全面育人，提高综合素养。教师上好课，不仅要研究知识，还要研究教学效率，研究教学的方法和工具（显性、隐性、硬件和软件等），学生受教育的过程不再仅仅是学知识、提成绩，而重要的是让学生体验“学会学习”的过程，这些都需要以科研做后盾。

科学研究为学校发展服务。校内教科研的积极开展为教育教学开辟了培养创新型人才的新环境，为创新教学提供了新平台，为持续学习增加了新动力，为教师创新教学激发了新活力，同时也为教育科研的顺利开展提供了保障。

五、如何真正实现教学与科研的互动

（一）转变观念，树立教学与科研整合的教学管理思想

学校的领航者——校长要解放思想、转变观念，把教学管理和科研管理纳入重点管理，为教师的发展和学生的创新学习搭建更优的平台，创造更好的教学氛围和条件，更加高效地助力教师提高教育教学水平和科学研究能力。

（二）改革现行的教学与管理体制

目前很多学校的教学管理和科研管理体制是从上到下分属两条线：主管教学的校长、教务主任、各学科组长形成一条教学管理线，主管科研的校长、科研主任形成一条科研管理线。两条线分工明确，各自管理。要想改变这种现状，首先就要改革这种管理体制，重建教学管理与科研管理为一体的教科研管理体系，形成教学和科研相融合的新局面。

（三）建立教学与科研协调发展的评价机制

建立和调节原有的评价机制，改革教师的各项激励机制，都要充分考虑到教学和科研这两个积极因素，增加教学与科研的有效融合。

六、新时代呼唤新的教育科研

《义务教育英语课程标准（2022年版）》强化了英语课程的育人导向，新增的核心素养分为四个方面——语言能力、文化意识、思维品质和学习能力；同时也优化了课程内容的结构，从主题、语篇、语言知识、文化知识、语言技能及学习策略方面明确学习范围和学习要求。

核心素养教学目标的落地既增强了课程的综合性和实践性，又使英语课程实施与课堂教学完成了从学习词、句、语法知识到培养综合语用能力的转变，从

聚焦核心知识到聚焦素养的转变。新课程标准提出单元整体教学,以主题教学为依托。主题具有统领语言知识、文化知识等要素的作用,为语言学习和课程育人提供语境范畴。开展单元教学要求教师教学要基于语篇、深入语篇、超越语篇,以此来提升学生自身对语篇整体把握和理解能力,从而提升学生的思维品质、学习能力和语言能力,培养学生的文化意识,提升学生的英语核心素养,从而达成学科育人的根本任务。

当然要想使新课标落地,实施大单元教学,还需要加强小学英语的教育教学研究,积极投入教育教学改革,探讨提高教育教学质量的科学方法和路径,探究“做中学、用中学、创中学”的教学新策略,优化语言主题实践活动的方式和路径,积极探索学习环境和方式的变革。

基础英语课堂教学是贯彻落实课程理念的关键环节,教师在真实的课堂教学中,会遇到各种各样的影响因素,既涉及教师的教,还涉及学生的学,而这些因素中隐含着诸多待解决的问题。教师应善于抓住关键问题,确立研究方向,依托理论指导,开展基于真实课堂的真实研究。

第二节 教育科研引领教师进行教育教学的美好之路

一、如何提高教师的科研能力

要想提高教师的科研能力,首先要明确两个概念:教师的科研能力和教师的科研素质。教师的科研能力是教师在教育科研实际活动中形成的,直接影响教育科研效率,是教育科研任务顺利完成的必要条件。主要包括科研课题的选择能力,课题实验方案的制作能力,课题实验的操作能力,课题实验资料的收集、整理和分析研究能力,课堂教学的科学研究能力,科研论文、研究报告的撰写能力等。

教师的科研素质是教师在教育科研实践活动中形成的比较稳定的且长时间内起作用的重要品质,主要包括教师的教育科研意识、教育科研经验、教育科研知识、教育科研技能、教育科研理论素养、教育科研信息处理能力和教育科研创造力等。

教师的科研能力和教师的科研素质二者之间具有外显和内隐的特点,培养教师的科研素质就是在提高教师的科研能力,教师也只有具备了较高的教育科研素质，才会表现出较强的教育科研能力。

二、充分认识提高教师教科研能力的重要意义

提高教师科研能力是时代发展和新课程改革的需要，是学校中心工作的需要，也是教师自身提高的需要，更是助推教师朝着学习型、研究型教师的方向发展的重要力量。

什么样的教师是学习型教师、研究型教师呢？学习型教师和研究型教师是相对于经验型教师（“教书匠”）而言的，指的是在教育领域中能积极主动地反思自己的教育教学行为，具有职业敏感性，有较强的反思意识、科研意识和合作精神的教师。

成长为研究型（学习型）教师是教师的成长路径之一，因为研究型（学习型）教师是不会有职业倦怠的，他们每天都有新的挑战、新的研究课题，通过研究自己的教育教学来深度理解教育的价值和意义，并能从中获得巨大的心理满足，这种从努力中获得的职业满足感和喜悦感是由衷而发的。教师也只有体会到职业的幸福感，才能创造更大的价值，获得更大的提升。

三、提高科研能力的条件

（一）热爱

教师要热爱教育，从而热爱教育科研，这是做好教育科研的前提和基础。

（二）善于追求

教师要善于发现教育教学中存在的问题，在明确了自己教研的努力方向后，要有不断追求和思考的执着和韧劲。

（三）善于学习

教师的执教生涯也是学习的生涯，教师需要涉猎各种知识，树立终身学习的意识。教师要把渊博的知识和智慧运用到日常的教育教学中，逐渐形成自己的教学风格。

（四）运用新技术

教师要积极使用网络信息技术平台来提高教育教学水平。例如，利用网络资源丰富课堂教学手段、建设教学资源库、开展丰富的学科教学活动、创建个人主页和空间、汇总处理科研数据和材料等。

(五)团结协作的精神

科研不是一个人或者几个人的事情,在科研这条路上只有团队合作、共同研究,才能走得更好更远。

第三节　论文写作

一、教育写作的价值

撰写教育教学论文,既是教师科研能力的一种具体的展示,又是提升教师的专业素养、教学质量、班级管理水平的一个重要途径。

(一)专业成长的需要

1.深层次阅读促进高品质表达

无论是教师还是教育管理者,阅读和写作的最终目的都是寻找教育的本源和智慧,从这个意义上来说,阅读和写作恰恰是梳理思想、提高教学和管理水平、改进工作质量的有效途径。

教师必须保持个人的专业技能和综合素养不断提升的状态。因此,教师不单是一名教者,也必须成为学者,应及时了解教育发展的最新动态,把握教育的基本规律,寻求新课程标准、课程改革实施的最佳路径和落脚点。

学习的途径有多种,但最基本、最方便的是阅读。教师依据自身的需求逐步加深读书的层次,同时哲学思考和文字表达要跟上。科研型教师与“教书匠”的区别就是前者会把自己工作中好的做法进行研究和思考,用笔记录教育教学中出现的问题及解决问题的过程和方法,这是工作不断推陈出新的前提和需要。

2.用终身学习的理念提升专业能力

教师在平时的教学中难免会遇到许多新的情况和问题,要养成经常撰写教学反思、教学案例、教学故事、教学实施策略的习惯。及时思考这些新问题会激发教师的学习力和创新力,提高教师解决问题的能力。

在撰写论文的过程中,教师会在各种资料中学习,包括各种文献、报刊、专题、获奖论文集以及有关课题指南等。

教师通过撰写论文对自己存在或思考的问题会有比较清晰的认识和理解，通过大量阅读和查阅资料，根据他人的一些研究成果和做法来进一步解决问题和完善策略。

（二）个人进步的需要

许多教师都意识到阅读与写作的重要性，但仍然每年读书寥寥，写作平平，甚至常年处于零阅读、零写作状态。其结果或许入职前几年看不出，但时间久了差距也就显现了。

经常阅读与写作的人能够把阅读后的思考和凝结的道理运用到实践中去，然后再梳理出来。每一位优秀的教师都是在不断实践、学习、思考中逐渐成长起来的，而阅读和写作则是他们进步的阶梯。

二、教育写作的特点

（一）源于课堂教学

一提到教师工作，似乎就与“忙碌”两个字相关联。但总能从身边的名师身上看到，他们除了日常教学之外，还会积极地阅读、写作，参加培训学习，甚至参与社会公益活动。

“课比天大”这句话大家或许都听说过。教师上好课是自己的天职，是最重要的事情。课堂教学的体验和思考会指导教师提升阅读的宽度和深度，同时也给予写作更鲜活的资料。教师的阅读、写作与教学实践中的思考等最终成就的还是教师的课堂教学。

（二）教育论文的独特性

教育论文写作有它本身的特点，主要表现在以下三个方面。

创造性：要有实践和理论上的创新。

新闻性：观点、思路、题材、内容新颖独特，能吸引人。

通俗性：实事求是，脚踏实地，来自教学实践，有普适性，有科学和研究价值。

三、教育写作关键词

(一)选题——写什么

写课堂教学:教师的写作根植于课堂教学,可以从不同的视角切入,如实施过程中出现的问题思考、教学目标达成过程中的思考、语境设置的问题思考、学生的主题活动适宜性思考等。

写教学设计:教学设计是教师必备的教学辅助材料。撰写一篇优质的教学设计,须提前做足准备。首先要通读教材甚至熟悉整个学段的教材,了解其知识体系、知识链接、育人价值等。其次要了解学情。对授课对象的备课也是很重要的一环,只有了解学情,才能更准确、更有效地确定教学目标和教学策略。

写教学反思:教学反思是对课堂教学的总结、梳理、完善和提高。教师写教学反思可以提高教学的科学意识,增强自我思考、自我批评、自我提升的能力,从而实现自我进步。

写听评课:听评课是教师教学水平的重要促进方式之一。通过对他人的课的观、思、评,同时对照个人教学现状,及时做出调整和提高。

写班级管理:班主任这个角色馈赠给教师太多的写作思考和素材。

写学校管理:学校管理涵盖的方面多而杂,要选准主要论述的主题。学校工作的主题是教学,管理最终要为教学服务,因此学校管理工作不能脱离教学而存在。

写自己的教育见解:教师可以写对新课标、新理念的见解,还可以写对学科教学的见解,也可以写家校共育方面的见解。无论写哪些题材和内容,都要注意它的积极性、适宜性、创新性和有效性。

写自己的读书感悟(培训感悟):简要写出阅读过的书籍的内容,结合自己的感想或认知,评价其价值;可加以引用阐述它的亮点、特点及社会价值。

(二)写作——怎样写

1. 拟一个好标题

论文的标题往往会起到画龙点睛的作用,一般要求其简洁明了、新颖有趣、吸人眼球、体现学科特点。如《三妙招化解“期末综合症”》《也谈网络教研的三个“优化”》《莫让功利绑架了阅读》等。

2.打一个好框架

论文写作的第一步是及时搭建框架,框架的成功与否直接决定论文质量的高低。如《论小学英语教学中的合作学习》的框架为:

①合作学习概述。

②小学英语教学中合作学习的必要性。

③小学英语教学中合作学习的特点和构成。

④结束语。

3.有一个好开头

好的开头应具备以下特点:简洁,直入正题;新颖有趣。

4.选一组好材料

如《批判性思维让英语教学更智慧》这一论文可以从以下几点入手:鼓励质疑,倡导小组研讨、辩论,引导批判性思维。

(三)投稿

投稿是广大爱好写作的教师最关注的一个话题。要明确刊物的特色,研究栏目的规律,揣摩编辑的意图,做好投稿记录。

四、写作建议

多阅读——广泛吸收营养。

多练笔——提高写作水平。

多修改——减轻编辑难度。

多反思——不断总结提高。

【感悟小语】

不少小学英语教师实践能力很强,对教育问题也有自己独到的见解,但不知道如何将自己的经验和想法总结成教学论文。笔者认为关键要在教学实践中思考,在思考中提高教学实践水平,辅以广泛的阅读和积累来提升个人的语言表达能力和逻辑能力,用思考的深度来支撑写作的深度,以理论支撑作为架构写作内容的依据。

对于教师这样一个以立德树人为根本任务的特殊职业,思也必然有其特殊的要求和意义，那就是要以学生发展作为逻辑的起点，重新审视教学过程，把培养人、发展人、成就人作为课程教学的主要价值。

写作是一种深度学习，是思考，是感悟，更是一种和自己心灵对话的方式；是呈现，是输出，也是一种给予；是表达，是释放，是对浪漫的热爱；是梳理，是凝练，是创新，更是自我的进阶和成长。

第八章　小学英语教学必备工具

第一节　小学英语常用课堂用语

一、英语课堂用语使用目的

营造真实的语言环境，有利于提高学生的听说和理解能力。在课堂上尽可能多地使用英语组织教学和讲述内容，能使学生感受到英语课与其他课程截然不同的特点，并有助于营造用英语思考和表达的氛围，帮助学生专注于学习和使用这门语言。

教学中用英语进行指令、讲述和评价，能使学生主动理解和记忆，同时学生在理解课堂语言的过程中能够提升语言学习的成就感，从而增强表达意愿，循序渐进地培养运用英语语言的习惯和能力。

二、小学英语课堂用语分类

（一）问候语

教师主动、友好地同学生打招呼，不仅可以唤起学生的注意力，使其为开始上课做好准备，还可以创造一个平等、和谐、愉快的学习氛围，以保证课堂教学的顺利进行。课堂教学结束时，教师需向学生宣布，并向学生道别。

问候语举例：

Good morning/afternoon, kids.

It's so nice/I'm so happy to see you again.

Good kids, you look great/wonderful today.

How are you doing, kids?

How's it going?

You look so happy, any good news?

OK, kids, are you ready to have class? /Are you ready?

Shall we begin our lesson now?

Let's start our class, shall we?

结束语举例：

OK, kids, that's all for today. I'll see you next time.

Alright, kids. We'll stop here today.

Class is over.

See you next time, kids.

See you.

See you later.

Goodbye, kids.

Bye, kids.

Bye-bye, kids.

(二)指令语

指令是教师组织和维系课堂的重要手段。教师的指令语在很大程度上影响学生在课堂上的语言习得。课堂指令应该简洁、清晰，并且和蔼、可亲，避免过于生硬。尽量用学生能够听得懂的"小词"(small words)，有些比较难的可以借助表情、手势等加以辅助。

指令语举例：

Now, kids, class begins.

Today, we're going to learn ...

Now, open your books, please. Turn to page ...

Now, kids, please look at the blackboard/picture/your books/page five.

Please read the ... together. One, two, three, go!

Now, let's sing the song...together.

Well, let's go on. Please look at page...

This time, you do it one by one.

Now, listen to me, please.

Now, I'll read the...please follow me.

Now kids, read after me/the e-pen.

Follow me, please.

Please show me how well you can do/read it.

Come to the front, please./...please come to the front. Thank you.

Thank you. Please go back to your seat.

OK, kids, please stand up.

Please sit down.

Please work in pairs/in groups/individually/by yourselves.

Now, kids, please write/read/sing/listen to.../draw a picture.

Now, let's do the exercise.

Now, kids, find a partner and role-play the conversation.

Work with your partner and answer the questions.

Please stop here.

Let's have/take a break.

Good kids, be quiet, please.

Now kids, here's your homework. Please do...and ...

（三）反馈语

教师的反馈语是指在完成语篇对话之后，教师为了强调、提示、说明或引入新的话题而补充的话语。它是教师评价和评估学生课堂表现的重要手段，也是推动教学活动进展的有效方法。反馈语可分为肯定式评语、参与式评语和启发式纠错用语。

反馈语举例如下：

Not bad. Thank you. (I'm sure you can do better next time.)

Good kid. That's a good answer. Thank you.

Quite good! (I really appreciate your effort.)

Very good! (I really enjoy it.)

Excellent! (Let's give him/her a big hand!)

Wonderful! (I'm so proud of you.)

Well done! (Good boy/girl/kid.)

Nice going! (You make a great progress.)

对学生有创意的、创新的思维火花和灵感以及发言中的闪光点进行肯定，可以使用以下用语。

What a bright idea! Thank you.

You did a good job! (We're so proud of you!)

Clever! (I envy you very much.)

You are such a smart boy/girl/kid!

You got sharp eyes/ears.

Is it good?

Isn't it a good answer?

Do you like his/her answer/reading?

Did he/she do a good job?

That's a fantastic answer, isn't it?

He/she did an excellent job, didn't he/she?

That's very close. Go on!

It's almost right. Try again, please.

Come on! Think it over. I'm sure you can do it.

I'm sure you can do it if you really try. (See? You did it really well.)

Sorry, I'm sure you can do ıt better next time.

I'm sorry. Would you like a second try? /Would you like to try again?

Not bad. Go on, please.

Come on, It's very close.

It doesn't matter. I'm sure you can do it better next time.

（四）提问语

教师在提问时态度和声音要和蔼可亲。提问语的使用要注意体现对学生的尊重，不要让学生感到紧张、有压力。注意提问语的使用策略可减轻学生的学习焦虑，保护学生的学习积极性。教师在提问时可以尽量使用像"Would you please tell us ...?" "Would you like to ...?" "May I ask you ...?" 等委婉而友好的

用语,其他例子列举如下:

Who can answer the question?

Who knows the answer?

Who'd like to have a try?

Do you want to try, Lee?

Would you like a second try?

Would you like someone to help you?

Who'd like to help?

Who'd like to read the text?

Who can spell the word "..."?

Can you spell the word "..."?

Do you know the Chinese/English of the word...?

What's the English/Chinese for "..."?

Any volunteers?

Is it clear to you?

You see the point?

Got it? /Did you get it?

Are you OK with the practice?

Have you done/finished your work/exercise yet?

第二节 英语作业评语集锦及表扬技巧

作业评语不仅仅是对作业本身进行评价,也可以包括学习和生活的各个方面,它的语言形式更是丰富多彩、千变万化,既可以是单词或短语,也可以是一句话或一则格言。

一、单词

OK!/Good!/Great!/Super!/Nice!/Perfect!/Wonderful!/Fantastic!/Cool!/Well-written!/Correct!/Excellent!/Careless!/Unclear!/Untidy!

二、短语

Very good!/Well done!/Neat and tidy!/Very nice!/Very cool!/Quite correct!/Quite OK (Okay)!/Just so-so./Far from correct./So careless!/Try hard!

三、句子

Your English is excellent.

I wish you would work harder.

How I wish you would be more careful!

Pay attention to your spelling.

四、格言

There is no royal road to learning.

Lose time is never found again.

It's never too late to learn.

Practice makes perfect.

No pains, no gains.

No one can call back yesterday.

Actions speak louder than words.

Where there is a will, there is a way.

A little learning is a dangerous thing.

A good beginning is half done.

Care and diligence bring luck.

Failure is the mother of success.

五、句子

如果学生的作业做得很好,教师可以给他(她)写上如下批语。

You care.

Beautiful work!

You've done a good job.

Great! Your English is very good and your answers are right.

又如学生的作业质量比以前好多了,教师可以写上如下批语。

You are making progress.

You can do better now than you did before.

六、个性评价

在实际教学中,很多教师给予孩子的评语往往是固定的语言,应根据学生的个性,给予积极的、肯定的、正向的、适宜的评价语,所以说教师的评语也如教学一样要做到“因材施评”“因人施评”。

如果鼓励学生下一次作业要做得更好,批语如下。

Come on!

You'll do well (next time).

I believe in you. Study hard, please.

I'm sure you can do your homework better next time.

针对书写认真、学习成绩暂时不佳、需要鼓励的学生,教师要给予一些鼓励性的话语。如:

Your handwriting is so beautiful. Can you try hard for your homework?

Super! Try to be better next time!/Try again! I'm sure you will do better next time!

Looking good!/Now you are flying!

对于书写较差的学生,教师在写批语时要注意艺术性和启发性,避免伤害学生的自尊心。如:

If you can write carefully, your homework will be better.

I'm sorry to see that you did't finish your homework. If you feel hard to finish your homework, you can ask me for help. Will you do it all by yourself next time?

有的学生经常犯拼写错误,批改时费力又费时,然而又不可视而不见,这时教师可批注一些鼓励性的语言。如:

What a pity! Your work is quite good except for a few spelling mistakes.

如果个别学生因课堂不注意听讲而犯了不该出现的错误,在作业中可以给予劝告。如:

You should have done well, but you didn't listen carefully in class. What a pity!

对于基础差的学生,批语要多鼓励。如:

Although you make lots of mistakes, I love your handwriting. Next time you can do it better. I believe in you.

对于基础较好的学生,批语要有表扬,更要有激励,提出更高要求,促使他们有更大进步。如:

You' ve walked far in study and you can walk further! Work harder, you' ll be a top student.

针对中等生的批语应慎重,他们往往是大错不犯,小错不断,批语中要多一点严厉和鞭策。如:

Little by little one goes far. If you don' t work hard, you' ll fall behind others. Do you hope so? If not, what should you do? I hope to see you make progress.

对中等生或后进生则要抓住优点,用略为夸张的感叹句进行肯定和赞扬,并顺带提出希望。如:

Well done! But would you please improve your handwriting?

Try again! I'm sure you' ll do better next time!

曾经批评过某学生的书写,后发现其有所进步,应给予表扬。如:

I' ve found your handwriting is better than before. Very good!

对字迹工整、认真但作业有错,或是作业基本正确但书写不够工整、认真的学生,可给予如下批语。

What a beautiful handwriting! If only be more careful!

Well done! But would you please improve your handwriting?

针对各种不同情况,用来表达赞扬和鼓励的类似批语还有:

I' m so glad to see your great progress in your exercises.

I' m pleased that you have made such great progress now.Thank you!

Try again! I' m sure you will do better next time!

Well done! Try to be better next time, will you?

英语中的委婉语和虚拟语气常可以用来表达带批评意义的指导,如"If only ...!""How I wish ...!""Would you please ...?""I' m afraid you ..."等。常用的这类批语还有如下句子。

If only your handwriting were better!

How I wish you did your homework all by yourself! I think you can!

Will you do it all by yourself next time?

Would you please pay attention to ...?

第三节　小学英语课堂常用游戏

一个好的游戏活动能够把课堂教学气氛推至高潮，使每个学生全身心地投入英语学习。游戏教学符合小学生身心发展规律和学习规律，通过在玩中学、学中玩，让学生真正感知自己是课堂的主人、学习的主体，发挥其主观能动性，激发求知欲，提高学习英语的兴趣。

一、课前热身游戏

儿童集中注意力的时间短，英语又是第二语言，要让学生积极投入英语活动中，难度还是比较大的。儿童爱玩游戏，若能在英语课前来点小热身，便能让学生带着高涨的情绪步入英语的殿堂，使他们更主动参与英语课堂的学习。现整理了英语课前热身的一些小游戏，列举如下。

1.Clap stomp, snap bump

Clap clap clap,

（拍拍手）

Stomp stomp stomp,

（跺跺脚）

Snap snap snap,

（打响指）

Bump bump bump.

（打击膝盖）

2.Shake your body

Shake your shoulders, shua shua shua.

（上下抖动肩膀）

Shake your hands, clap clap clap.

（甩甩手，拍三下）

Shake your hip, pia pia pia.

（扭扭屁股，打三下）

Shake your feet, dong dong dong.

(抖抖脚,跺三下)

3.Shake your body

Shake shake up,

(胳膊和手全部向上摇摆)

Shake shake down,

(胳膊和手全部向下摇摆)

Shake shake shake shake,

(摇一摇,摇一摇)

Let's turn around.

(转一圈)

Shake shake up,

(胳膊和手全部向上摇摆)

Shake shake down,

(胳膊和手全部向下摇摆)

Shake shake shake shake,

(摇一摇,摇一摇)

Let's sing a song.

(做出唱歌的样子)

4.One two three four

One two three four, clap your hands.

(1 2 3 4,拍拍手)

Two two three four, stomp your feet,

(2 2 3 4,跺跺脚)

Three two three four, nod your head,

(3 2 3 4,点点头)

Four two three four,hands on knees.

(4 2 3 4,小手放到膝盖上)

5.Finger play

One finger, one finger, turn turn turn, turn to a toothbrush, shua shua shua,

(两只手各出示一只手指,变成一个牙刷的样子,在嘴边上下刷动)

Two finger, two finger, turn turn turn, turn to a rabbit, jump jump jump,

(两只手各出示两只手指,转一下,变成兔子的样子,上下跳)

Three finger, three finger, turn turn turn, turn to a fork, cha cha cha,

(两只手各出示三只手指,转一下,变成一个叉子的样子,上下叉动)

Four finger, four finger, turn turn turn, turn to a cat, meow meow meow,

(两只手各出示四只手指,转一下,变成一个猫的样子,在嘴边划动)

Five finger, five finger, turn turn turn, turn to a tiger, aw aw aw.

(两只手各出示五只手指,转一下,变成一个老虎的样子,两只手举起来假装扑向孩子)

6.Oh rabbit

Oh rabbit, oh rabbit,

(双手做兔耳朵状,学兔子跳两下)

red red eyes,

(双手做“OK”眼前晃三下)

Oh shua, oh shua, oh shua shua shua,

(双手向前开合五次)

Oh rabbit, oh rabbit,

(同上)

Long long ears,

(双手兔耳朵往上伸三次)

Oh wu, oh wu, oh wu wu wu,

(左右手交换做聆听状)

Oh rabbit, oh rabbit,

(同上)

Short short tail,

(右手放臀后)

Oh pia, oh pia, oh pia pia pia.

(轻拍屁股五下)

7.Wolf

Knock, knock, knock,

(敲门三下)

Who is it?

(手放耳边听)

It's mummy.

（捏鼻子装妈妈的声音）

Open the door.

（双手打开门）

Come in please.

（招手）

Oh, no.

（双手胸前摆手）

Big bad wolf.

（打狼）

Go out!

（双手推狼出去）

Go, Go, Big bad wolf.

（打狼）

8.Daddy mummy

Daddy mummy, look at me.

（左摆手,右摆手,双手做"OK"状眼前晃一下）

Look at me, good baby.

（双手做"OK"状眼前晃一下,依次伸左右手大拇指）

Daddy mummy look at me.

（同上）

Clap your hands, follow me.

（拍手,指自己）

9.Follow me

Follow follow follow me.

（双手从左往右拍手四下）

Hands up, hands down.

（双手头上举晃腕,向下晃腕）

Follow follow follow me.

（双手从左往右拍四下）

Stand up sit down.

（起立,坐下）

Follow follow follow me.

（双手从左往右拍四下）

Let' s turn around.

（转一圈）

Follow follow follow me.

（双手从左往右拍四下）

Let's sing a song.

（手拿话筒做唱歌状）

Oh lei, oh lei, oh lei.

（双手头上晃两下）

Go go go.

（左手叉腰，右手握拳上举三次，同时跺脚三下）

10.One two three four five

Point up point down.

（双手食指上指，下指）

Show me one.

（双手半握拳胸前绕动后出示1）

Jump up jump down.

（学兔上下跳）

Show me two.

（双手半握拳胸前绕动后出示2）

Look up look down.

（双手做"OK"状在眼前上下看）

Show me three.

（双手半握拳胸前绕动后出示3）

Stand up sit down.

（起立坐下）

Show me four.

（双手半握拳胸前绕动后出示4）

Hands up hands down.

（双手上举放下）

Show me five.

（双手半握拳胸前绕动后出示5）

One two three four five.

（依次出手指表示1、2、3、4、5）

11.Up and down

Up up touch your head.

（单手依次上举然后摸头）

Down down touch your toes.

（单手依次向下摸脚）

Up and down.

（双手齐上下）

Touch your hips.

（摸屁股）

Turn around.

（转一圈）

Touch the ground.

（摸地）

Yeah !

（双手上举欢呼）

12.Come on

Come on, come on.

（单手依次招手）

Join me join me.

（单手依次半握拳于胸前）

Let's play a ball.

（左手拍球状）

Let's play a ball.

（右手拍球状）

OK? OK?

（双手做"OK"状晃）

Yeah! yeah! yeah!

（双手上举欢呼）

13.Nod your head

Nod your head, yes yes yes.

(点三下头)

Shake your head, no no no.

(摇头)

Raise your hand, one two three.

(举右手伸手指示1、2、3)

Put down your hand, one two three.

(放下右手伸手指示1、2、3)

Look at me, look at him, chua chua chua.

(双手做OK状指自己,指任一男生小朋友,前伸手三下)

Look at her, chua chua chua.

(指任一女生小朋友)

Clap your hands, clap clap clap.

(拍手三下)

Very good, ha ha ha.

(双手胸前绕圈,放嘴边大笑)

Two big eyes, chua chua chua.

(双手做望远镜状前伸手三下)

Two big ears, wu wu wu.

(双手放耳边倾听)

One small nose, eng eng eng.

(单手指鼻子,学小猪拱三下)

One little mouth, bo bo bo.

(指嘴,啵三下)

14.Five fingers

One finger, one finger, point point point.

(一根手指点点点)

Two fingers, two fingers, cut cut cut.

(两根手指剪剪剪)

Three fingers, three fingers, miaow miaow miaow.

(三根手指喵喵喵)

Four fingers, four fingers, touch touch touch.

(四根手指摸摸摸)

Five fingers, five fingers, clap clap clap.

(五根手指拍拍拍)

15.Happy, angry, cry, shy

Happy happy, ha ha ha.

(两手食指在嘴角往外划,然后两手往两侧打开,张开五指笑)

Angry angry, heng heng heng.

(卷袖子,跺脚)

Cry cry, wu wu wu.

(两手食指擦眼泪)

Shy shy, mm mm mm.

(两手抱胳膊做害羞状)

16.Wiggle

Wiggle wiggle wiggle,

(伸出双手,十指快速弯曲伸直)

Shake shake shake,

(甩甩双手)

Roll roll roll roll,

(双拳在胸前绕动)

Fingers run away。

(抖动手指,然后双手藏到背后身体坐直)

17.Little fox

Little fox little fox,

(双手做成狐狸爪子的样子放在腮下,眼神做出狐狸的样子)

Laying fire,

(双手做出火苗的样子)

Fire fire fire,

(双手做出火苗升高的样子)

Oh! My tail!

(迅速捂住屁股,从小椅子上弹跳起来)

18.Bumblebee

Bumblebee was in the barn,

(手指在空中转圈)

Carrying his fingers under his arm.
（手转圈接近孩子）
Bzzzzzzzzz...
（轻轻戳一下孩子）
19.Round the garden
Round and round the garden,
Goes the little mouse.
（握住孩子的手，掌心向上，用另一只手的食指在掌上划圈）
Up, up, up he creep,
Up into his house.
（手指顺胳膊而上，在下巴或腋窝处搔痒）
20.If you're happy
If you're happy and you know it, clap your hands,
（唱完这一句拍两下手）
If you're happy and you know it, clap your hands,
（唱完这一句拍两下手）
If you're happy and you know it,
（双手在胸前交叉摆动）
And your face will surely show it,
（伸出两个食指从嘴巴往上划，做微笑状）
If you're happy and you know it, clap your hands.
（唱完这一句拍两下手）
21.One little finger
One little finger, one little finger,
（依次伸出左右两个食指）
One little finger, tap tap tap,
（同时伸出两个食指，对敲三下）
Point to the ceiling, point to the floor,
（指天花板，指地板）
Put it on your head.
（放在脑袋上）

22.Ten little fingers

Ten little fingers.

（伸出十个手指）

And ten little toes.

（指指你的脚趾）

Two little arms, and one little nose.

（摸摸你的手臂，指指鼻子）

One little mouth, and two little ears.

（指指嘴巴，摸摸耳朵）

Two little eyes for smiles and tears.

（指指眼睛，两个食指从嘴角往上划做微笑状，往下划做哭泣状，表情也要搭配好）

23.Finger family

Daddy finger, daddy finger, where are you?

（把大拇指藏起来）

Here I am. Here I am. How do you do?

（露出大拇指，弯曲它做鞠躬状）

24.The elephant goes

The elephant goes like this, like that.

（四肢着地，像大象一样慢慢地走）

He's terribly big.

（站起来，把手举高）

And he's terribly fat.

（双臂向两边伸开）

He has no fingers.

（握拳，藏起手指）

He has no toes.

（摇动脚趾）

But goodness gracious.

（做一个吃惊的表情）

What a nose!

（指鼻子）

25.表情歌

I'm laughing.

(张开嘴巴,做大笑状)

I'm smiling.

(手指放在脸旁,做微笑状)

I'm crying.

(手成拳头,翻转做哭泣状)

I'm angry.

(两手放在腰间,做生气状)

二、单词游戏

1.拍单词

把要学习的课内重点单词先全部过一遍,让学生有深刻的印象,然后将图片一横排贴在黑板上,在图片的下方画个圈,让两名学生上台来,背对老师。老师用口型提示下面的同学,让学生猜单词,并大声说出来。老师再将该词确认一次后,发出明确指示,让台上的两位学生转身去拍单词下面的圆圈,又快又准的一方胜出得分。如老师说"crab",台上学生马上去拍对应图片或单词下的圆圈,又快又准的加分。

【要求】

①贴图片或单词时,让全班学生认一个贴一个。在游戏前,让全班同学再次熟悉下要比赛的单词。

②上台来的两位同学,面朝台下同学,老师通过口型提示,如"rock",台下同学一起说"rock",为防止台上同学听不清楚,老师要大声再读一次,然后发出指令"go!",比赛选手才能去拍。

③在拍图前,为了活跃气氛,可让比赛选手先做点热身,如选手对着全班时,让他们原地小跑,听到"go"的指令时,再转身拍词。

④游戏时,注意控制纪律,学生拍错的单词,一定要全班再认读一次,纠正错误。

2.猜拳(剪刀石头布)游戏

把本节课重点单词或图片一横排贴在黑板上,叫两名学生上讲台,老师指着一个单词,如"dog",台上选手开始划拳,边划边带领全班一起读"dog",读到第三声时,出拳,赢的一方得"dog"这个单词,得到单词多的队伍获胜。

【要求】

为防止选手划拳时，出拳太快，台下学生看不清；或选手划拳时，有人慢出拳，老师要控制好划拳的节奏，带领台下学生有节奏地朗读。（为保证游戏进行时划拳的节奏，短的单词老师要带，读长的单词时，口令改为one、two、three）

3.击鼓传花

老师先选定一些图片或单词卡分给每组一张，然后选一首节奏明快、学生喜欢的英文歌曲，当音乐一起，拿到卡片的同学就要马上往后传；当音乐一停，学生停止传卡片，这时手上拿着卡片的同学依次朗读出手中卡片的单词。读对的加分，然后继续游戏。

4.拼单词

这是一个针对单词拼写的游戏，如“slow/fast”，先在黑板上写上“slow/fast”，然后把事先准备好的这两个单词的字母卡打乱顺序贴在黑板下方，男女各派一名代表上来，老师发令，这时全班一起喊“slow/fast，slow/fast...”两名代表开始选择字母卡拼单词，最先拼好、拼准确的一方胜出。

【要求】

①为比赛公平起见，选择拼写的单词最好是结构相近、字母数相同的一对词。

②要拼写的单词老师要先写在黑板上，拼写及字母间隔要大些，便于学生认清。

③注意防止选手因求胜心切而损坏字母卡。

5.大小图

把重点单词的大图依次横贴在黑板上，老师手里拿着对应的小图，然后选一个男生上来抽一张小图，全体女生来猜，看男生手中抽中的是哪张图片。猜对了女生加分，猜错了男生加分。如“Dinner time”中，训练扩展句型“Do you want some...?”时，把“rice、bread、meat、milk”等大图贴在黑板上，手上准备对应的小图，先叫一男生一女生上来，男生抽一张小图，女生来指大图，如指向“rice”，全班女生问“Do you want some rice?”男生展示小图，如果是“rice”的小图，全体男生回答“Yes，please”；若不是，全体男生回答“No，I want some...”。

【要求】

①该游戏一般用于训练句型，通过问答形式让全班操练。

②游戏时要防止学生喊加油，扰乱课堂纪律。

6.表演课文

教师在教授课文以后，让学生上台模仿或表演整篇课文。台下的学生跟着点读笔或录音、视频资料跟读一句，台上的学生跟着读的节奏和速度配以表演。

【要求】选择的课文一定是适合表演且具有较强的表现力，能够激发学生的朗读情感，借此深入体会和思考语篇所蕴含的语言魅力和育人价值，如“The Train”“The Space Monster”“Help Me”等。表演时，可以为学生准备一些头饰，如“space monster、spaceship”等，使表演更加生动。

注意只有台下的学生朗读时，台上的演员才会表演。不能让大家光顾着看表演，而忽略朗读课文。

7.传声筒

从每个组的最后一个学生开始，由老师来发令传一个单词，一直传到第一个学生耳朵里，由他/她来大声说出他/她听到的那个单词，检测看此学生读出的和老师讲给第一个学生听的是否一致，一致得一分。

8.剪纸卡，拼纸卡

老师把单词分别写在一张一张的小纸上，每张纸写一个单词。把一句话的小纸卡分发给每个组，让每组拼成完整的一句话，拼得快且准确者赢。

三、课堂教学游戏

在小学英语课堂中，常用的英语游戏还有如下几种。

1.“Magic bag”魔术袋子

①将准备学习的物体装入魔术袋子中；

②请学生伸进盒子摸一摸，然后试着用英语说出所摸物品；

③或者教师公布猜测范围，让学生猜猜袋子里有什么东西，然后自己伸进袋子摸，判断是否正确；

④游戏举例：学习水果、文具等同类单词之后，课前复习可采用这一游戏，既直观，又富有情趣。

2.“Guessing Game”猜一猜

①分别呈现图片，让学生熟悉并齐读；

②教师翻转图片，让学生猜面向教师的图片是哪个英语单词；

③游戏举例：学习文具单词后，此游戏帮助学生巩固所学新知识。

3.“What's missing?”哪一张卡片不见了？

①展示多张图片，让学生依次熟读；

②学生闭上眼睛，教师拿走卡片中的一张；

③学生睁开眼睛，让学生迅速反应哪张卡片被拿走了。

4.“Listen and touch”听指令摸单词

①将单词或词组卡片贴在黑板上或是将单词或词组写在黑板上。

②教师随机朗读单词或词组，学生用指挥棒迅速指向所听到的单词或词组，谁能抢先指到正确的单词或词组的为胜方。

5.“Bingo”游戏

①准备一张横竖都是三格的正方形的表格；

②学生将所学的新单词任意摆放在表中，每格摆一个单词；

③教师不能看摆好的卡片，只任意说出表中的词汇，让学生们听，如果说的词与学生摆的词相同（每三个为一个单位，或横三个，或竖三个，或斜三个，只要三个连成一条线的词与教师说的词相同即可），学生可马上举手喊：“Bingo!”表示胜利，喊“Bingo”数量最多者为获胜。

6.“Find the cards”找卡片

①选一名同学到黑板前，闭上眼睛；

②教师将一张学习卡片（如apple）放于一名同学桌子里；

③教师说“One, two, go.”，前面的同学开始找卡片；

④其余同学给予提示。当找卡片的同学离卡片很远时，其余同学小声读出单词；当找卡片的同学离卡片很近时，其余同学大声读出“apple”。根据同学们声音的大小来确定卡片的位置；

⑤该游戏使用于单词操练中，它改变了以往枯燥无味的单词操练，能更好地集中学生的注意力，同时也能培养学生的判断力。

7.“Pass the sentence”传话

①每一纵排为一组，全班分成若干组；

②教师分别发给每一组最后一排的学生一张纸，上面写一句话，在教师说“开始”后，最后一排的学生即用耳语把纸上的话告诉前面的学生，这位学生再把听到的话告诉前面的学生，这样依次进行下去；

③最前一排的学生再把所传的话写在黑板上或说出来，最快、最准确的组获胜。

游戏来源于生活，服务于教师的教学。在平时的英语教学中，教师要努力使学生在玩中学、学中玩，激发并保持学生学习英语的兴趣。

第四节　思维导图

思维导图(mind mapping)是由英国心理学家托尼·巴赞(Tony Buzan)提出的,在英国、美国、澳大利亚、新加坡等国家的教育领域广泛应用,在提高教学效果方面成效显著。

一、思维导图的定义

托尼·巴赞认为放射性思维(radiant thinking)是一种新的、以大脑为基础的高级思维形式,而思维导图是放射性思维的自然表达形式。思维导图是一种将放射性思考具体化的方法(外部表达),是一种非常有用的图形技术,是激发大脑潜力的万用钥匙。思维导图以主题为中心,把抽象的信息变成容易记忆的、有高度组织性的、彩色的图,将各级主题的关系用相互隶属的层次图表现出来。思维导图利用色彩、图画、代码等图文并茂的形式来增强记忆效果,使人们关注的焦点清晰地集中在中央图形上。

二、应用于教学的理论基础

《课标(2022年版)》在课程实施教学建议中指出:“加强单元教学的整体性,推动实施单元整体教学。教师要强化素养立意,围绕单元主题,充分挖掘育人价值,确立单元育人目标和教学主线。深入解读和分析单元内各语篇及相关教学资源,并结合学生的认知逻辑和生活经验,对单元内容进行必要的整合或重组,建立单元内各语篇内容之间及语篇育人功能之间的联系。”

三、小学英语教学案例

思维导图可以应用到小学高年级英语复习教学中。比起重复、机械的背诵式复习,思维导图能够使学习者对所学知识进行更深层次的加工,根据教学内容探索出思维导图运用在小学高年级英语复习课中的具体模式。具体有以下四种方法。

（一）头脑风暴图

头脑风暴图的特点是：从当前复习阶段中的单元知识点出发，先选定一个中心词，引发学习者的联想，将与这个选定的中心词相关的本单元知识点（单词、短语、语法等）联系起来，再由这些知识点来引发对先前所学的其他知识点的回忆、归纳或总结（如图8-1所示）。

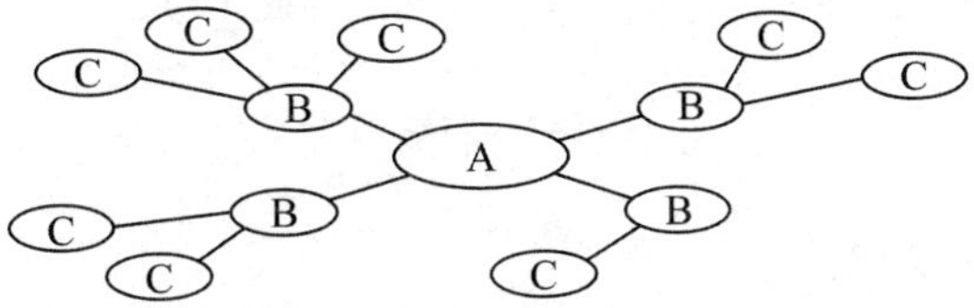

图8-1　头脑风暴图

（二）分层结构图

分层结构图的特点是：层次清楚，上下层之间有清晰的隶属关系，或是层层解剖，由整体到局部，然后再到细节。通过这样的图形，一个内容块的结构就一目了然。教师可以借助这一形式引导与学生之间的互动，也可以利用这一形式引导学生对课文或者对作文题目进行层层分析，帮助他们发展或提高阅读理解、背诵以及写作的能力（如图8-2所示）。

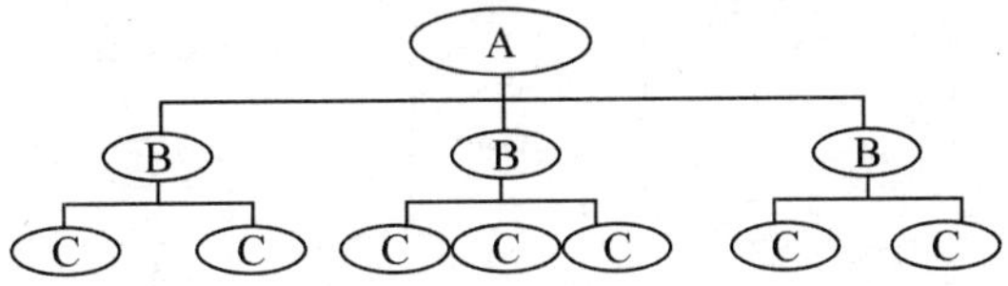

图8-2　分层结构图

（三）归纳图

归纳图的特点是：每个分支都是中心主题的一部分，主分支之间既相互联系又相互独立，主分支上的内容一般是对学生之前所学的与中心主题有关的知识的总结，或者是新旧知识的结合，目的是希望给学生对子分支内容的学习提供一个"固着点"，主分支之后的子分支内容通常是单元知识的重难点和对某个主题的新旧知识所作的归纳和总结（如图8-3所示）。

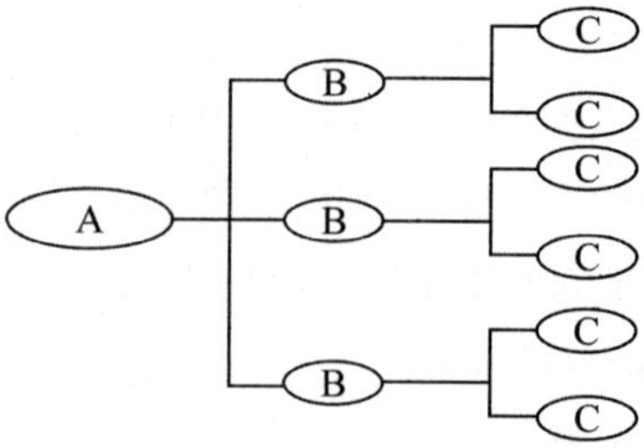

图 8-3 归纳图

（四）内容分解图

内容分解图的特点是：围绕一个特定的主题，将单元的重难点分成几个知识块，在每个知识块中列出相对应的知识点，通过复习不同的知识点来掌握所学单元里的单词、短语、句型等。或者是围绕单元的语法项目，根据特定语法的具体用法，通过句型操练活动引起学生的课堂互动，使学生在互动中熟练掌握知识点，并能在考试或交际情境下准确应用(如图 8-4 所示)。

这样既能对特定单元的知识有总体把握，又能通过练习活动来检查学生对知识的掌握情况，也能通过这一形式来培养学生的写作和语篇分析能力。

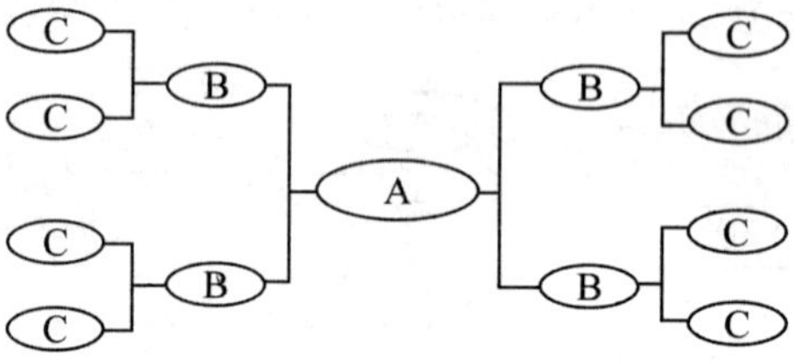

图 8-4 内容分解图

思维导图既可以是对某一个小知识点的详细讲解，也可以是对一篇课文、整个单元或一个复习阶段知识点的总体整合。在使用思维导图的过程中还需注意对学生阅读、写作等能力的培养，通过不同的课堂活动，增强教学的互动性。

四、思维导图的优势

（一）突出重点，有效助记，提高学习效率

一方面，思维导图把学习者的主要精力集中在关键知识点上，不需要浪费

时间在无关紧要的内容上，从而节省了宝贵的学习时间。另一方面，思维导图通过有效的概念意义的组织和概念框架的建立成为一个有力的助记工具。

（二）促进新旧知识的整合，提升思维能力

学生在构造思维导图的过程中，对思维导图节点的增加或对概念结构的修改都体现了学习者个性化的、主动的信息加工和知识构建的能力。思维导图把大脑中的隐性知识显性化，以图的直观性特征对当前的新知识内容加以定向和引导，使学习者看到新旧知识之间的联系，并从与旧知识实质性联系中找到同化、吸收当前新知识的“固着点”，从而有助于促进新旧知识结构的整合，实现新知识的内化和思维能力的提升。

（三）创设有意义的学习环境，实现协作学习

创设意义情境、进行协作交际是英语课堂教学必不可少的环节。思维导图围绕中心主题展开分支，呈现语言交际的情境，引导进行发散思维，使学生有话可说。因此，教师可以运用思维导图提供师生对话或生生对话的支架，也可以尝试让学生通过同桌、小组合作，相互启发，创作思维导图并进行表演，培养学生的协作交流能力。

（四）提高整合信息的能力，激发联想与创意，有利于创造力的培养

思维导图将各种零散的信息、观点等融会贯通成为一个系统，允许学生自由联想，不像传统教育那样，要求遵循从概念到概念的“线性思维”，而是按照大脑思维的结构进行放射性的“网状思维”，这就极大地激发了学生的想象力和创造力。

（五）促使学生形成系统学习和思维的习惯，提高元认知技能

元认知是对认知的认知，具体说就是学习者对自己认知过程的自觉意识。《课标(2022年版)》核心素养学段分项特征之思维品质学段分项特征如下。

3～4年级特征描述：

能在教师指导和帮助下，注意观察、识别所学语篇中的语言和文化现象，发现各种现象的异同；能根据获取的信息，判断主要信息和观点；初步具有问题意识，尝试从不同角度观察世界，积极提出问题。

5～6年级特征描述：

能在教师引导和启发下，主动观察所学语篇中语言和文化的各种现

象;通过比较,识别各种信息的相似性和差异性,发现并推断因果关系;能根据获取的信息,归纳、概括共同特征;具有问题意识,能提出自己的想法,有条理地表达观点;学会换位思考,尝试多角度认识世界,辩证地看待事物并对事物作出正确的价值判断;能初步进行独立思考,避免盲目接受或否定。

第五节　小学英语单词分类

小学英语(三年级起外研版)三至六年级单词可分为如下二十一类。

一、颜色类

red 红色的　yellow 黄色的　white 白色的
pink 粉红色的　purple 紫色的　brown 棕色的,褐色的
blue 蓝色的　black 黑色的　green 绿色的
orange 橘黄色的,橙色的

二、数字类

one 1　two 2　three 3　four 4　five 5
six 6　seven 7　eight 8　nine 9　ten 10
eleven 11　twelve 12　thirteen 13　fourteen 14
fifteen 15　sixteen 16　seventeen 17　eighteen 18
nineteen 19　twenty 20　twenty-one 21　twenty-two 22
twenty-three 23　twenty-four 24　twenty-five 25　twenty-six 26
twenty-seven 27　twenty-eight 28　twenty-nine 29　thirty 30
thirty-one 31　thirty-two 32　thirty-three 33　thirty-four 34
thirty-five 35　thirty-six 36　thirty-seven 37　thirty-eight 38
thirty-nine 39　forty 40　forty-one 41　forty-two 42
forty-three 43　forty-four 44　forty-five 45　forty-six 46
forty-seven 47　forty-eight 48　forty-nine 49　fifty 50
fifty-one 51　fifty-two 52　fifty-three 53　fifty-four 54

fifty-five 55	fifty-six 56	fifty-seven 57	fifty-eight 58
fifty-nine 59	sixty 60	sixty-one 61	sixty-two 62
sixty-three 63	sixty-four 64	sixty-five 65	sixty-six 66
sixty-seven 67	sixty-eight 68	sixty-nine 69	seventy 70
seventy-one 71	seventy-two 72	seventy-three 73	seventy-four 74
seventy-five 75	seventy-six 76	seventy-seven 77	seventy-eight 78
seventy-nine 79	eighty 80	eighty-one 81	eighty-two 82
eighty-three 83	eighty-four 84	eighty-five 85	eighty-six 86
eighty-seven 87	eighty-eight 88	eighty-nine 89	ninety 90
ninety-one 91	ninety-two 92	ninety-three 93	ninety-four 94
ninety-five 95	ninety-six 96	ninety-seven 97	ninety-eight 98
ninety-nine 99	one/a hundred 100	one/a thousand 1000	
million 百万			
first (1st) 第一	second (2nd) 第二	third (3rd) 第三	

三、课程类

Chinese 语文	English 英语	P. E. 体育
maths 数学	music 音乐	art 美术
science 科学	physics 物理	chemistry 化学
geography 地理	French 法语	Japanese 日语

四、天气类

weather 天气	rainy 下雨的	sunny 晴朗的	
snowy 下雪的	windy 刮风的	cloudy 多云的	
warm 温暖的	cold 寒冷的	cool 凉爽的	hot 炎热的

五、动物类

rabbit 兔子	cat 猫	dog 狗
duck 鸭子	pig 猪	panda 熊猫
bird 鸟	hen 母鸡	cow 奶牛
lamb 羊羔	goat 山羊	sheep 绵羊
horse 马	bear 熊	giraffe 长颈鹿

monkey 猴子	donkey 驴	kangaroo 袋鼠
lion 狮子	tiger 老虎	deer 鹿
squirrel 松鼠	snake 蛇	whale 鲸
fish 鱼	mouse 老鼠	elephant 大象
owl 猫头鹰	chameleon 变色龙	chicken 鸡
frog 青蛙	spider 蜘蛛	fly 苍蝇

六、水果类

apple 苹果	pear 梨	orange 橘子
banana 香蕉	grape 葡萄	watermelon 西瓜
strawberry 草莓		

七、食物类

fish 鱼	beef 牛肉	chicken 鸡肉
rice 米饭	noodles 面条	tofu 豆腐
tomato 西红柿	potato 土豆	cucumber 黄瓜
carrot 萝卜	eggplant 茄子	bread 面包
egg 蛋	green beans 青豆	onion 洋葱
tea 茶	milk 牛奶	coffee 咖啡
Coke 可乐	juice 果汁	hamburger 汉堡包
cheese 奶酪	hot dog 热狗	

八、味道类

tasty 可口的	yummy 好吃的	sour 酸的
sweet 甜的	salty 咸的	fresh 新鲜的
healthy 健康的	delicious 美味的	

九、服装类

pants 长裤	jeans 牛仔裤	socks 短袜
shoes 鞋子	T-shirt T 恤衫	shorts 短裤
dress 连衣裙	boots 靴子	shirt 衬衫
skirt 裙子	jacket 夹克衫	coat 外套

hat 帽子
cap 运动帽

十、职业

doctor 医生
farmer 农民
driver 司机
nurse 护士
teacher 老师
accountant 会计
singer 歌唱家
writer 作家
salesperson 售货员
engineer 工程师
actor 男演员
actress 女演员
policeman 警察
artist 画家
TV reporter 电视台记者
student 学生
cleaner 清洁工
librarian 图书管理员
cashier 收银员
pupil 小学生
pilot 飞行员
taikonaut（中国的）太空人，宇航员

十一、时间

o'clock 点钟
tonight 今晚
day 一天，一日
week 周
month 月
year 年
in the morning 在早上
in the afternoon 在下午
in the evening 在晚上
on sports day 在运动日
at noon 在中午
at night 在夜里
the day before yesterday 前天
yesterday 昨天
today 今天
tomorrow 明天
this morning 今天早上
this evening 今天晚上
this afternoon 今天下午
next weekend 下周末
next week 下周
this weekend 这个周末
at the weekend 在周末
usually 通常
often 经常
sometimes 有时候
never 从不
always 总是

十二、地点

library 图书馆
school 学校
park 公园
post office 邮局
hospital 医院
bank 银行
cinema 电影院
bookstore 书店
supermarket 超市

science museum 科学博物馆　pet shop 宠物商店
shoe store 鞋店　garden 花园　restaurant 餐馆
airport 飞机场　Summer Palace 颐和园
the Great Wall 长城　station 车站　bus station 公共汽车站
primary school 小学　middle school 中学

十三、交通工具

train 火车　bike 自行车　plane 飞机
car 汽车　jeep 吉普车　bus 公共汽车
subway 地铁　boat 小船　ship 轮船　on foot 步行

十四、方位词

in 在……里面　on 在……上面　under 在……下面
behind 在……后面　in front of 在……前面
over 在……上面(悬空)　near 在……附近
next to 与……相邻　beside 在……旁边
turn left 向左转　turn right 向右转
go straight on 直着走　west 西　east 东
south 南　north 北　on the left 在左边　on the right 在右边

十五、书籍

comic book 漫画书　newspaper 报纸　magazine 杂志
post card 明信片　dictionary 字典　picture book 图画书

十六、房间类

room 房间　living room 客厅　study 书房
kitchen 厨房　bathroom 浴室　bedroom 卧室
classroom 教室

十七、用品类

ruler 尺子　pen 钢笔　pencil 铅笔　pencil-case 铅笔盒
book 书　bag 包　school bag 书包　boat 小船

picture 图画　board 板　blackboard 黑板　teacher's desk 讲台桌
light 灯　kite 风筝　computer 电脑　phone 电话
basketball 篮球　table tennis 乒乓球　football 足球　camera 照相机

十八、家具类

mirror 镜子　end table 床头柜　closet 衣柜　curtain 窗帘
bed 床　trash bin 垃圾桶　chair 椅子　desk 桌子
window 窗户　table 台桌　phone 电话　sofa 沙发
door 门　floor 地板　wall 墙

十九、称呼类

family 家庭　father 父亲　mother 母亲　brother 兄弟　sister 姐妹
grandparents (外)祖父母　uncle 叔叔　aunt 阿姨
parents 父母　baby 婴儿　boy 男孩　girl 女孩　friend 朋友

二十、星期类

Monday 星期一　Tuesday 星期二　Wednesday 星期三
Thursday 星期四　Friday 星期五　Saturday 星期六
Sunday 星期天

二十一、描述人和物的形容词

strong 强壮的　thin 瘦的　tall 高的　short 短的,矮的
big 大的　small 小的　long 长的　young 年轻的　old 老的
active 积极的　heavy 重的　cool 酷的　smart 聪明
kind 和蔼可亲的　strict 严格的　quiet 安静的
funny 滑稽可笑的　fat 胖的

第六节　小学英语重点句型

一、外研版(三年级起)三年级上册

(一)问候

打招呼及问好:Hello! 你好! Hi! 你好!

早上见面说:Good morning. 上午好!

下午见面说:Good afternoon. 下午好!

跟人道别语:Goodbye./Bye-bye. 再见!

跟人道谢语:Thank you!/Thanks! 谢谢你! / 谢谢!

询问对方的身体情况:

—How are you? 你好吗?

—I'm fine, thank you. 我很好,谢谢你。

祝别人生日快乐说:Happy birthday! 生日快乐!

给别人东西时说:Here's your present. 给你的礼物。

(二)询问姓名

—What's your name?

—I'm+姓名。

例句:—What's your name? 你叫什么名字?

—I'm Sam. 我是萨姆。

—What's your name? 你叫什么名字?

—My name is Panpan. 我的名字叫盼盼。

(三)描述颜色

—It's+颜色。

—It's a/an+表示颜色的词+物品。

例句:It's a black dog. 它是一条黑色的狗。

It's an orange dog. 它是一条橙色的狗。

（四）询问数量

How many（＋名词复数）？

例句：—How many boys? 多少个男孩？

—Twelve boys. 十二个男孩。

—How many red caps? 多少顶红色的帽子？

—One red cap. 一顶红色的帽子。

（五）询问年龄

—How old are you?

—I'm ＋年龄。

例句：—How old are you? 你多少岁？

—I'm nine. 我九岁。

（六）询问物品

—What's this/that?

—It's a/an ＋物品。

例句：—What's this? 这是什么？

—It's a desk. 它是一张桌子。

—What's that? 那是什么？

—It's a chair. 它是一张椅子。

（七）介绍某物/人

This is my ＋ 物/人。

例句：This is my school. 这是我的学校。

That is my classroom. 那是我的教室。

This is my English teacher. 这是我的英语老师。

（八）确认物品

—Is it a/an ＋物品？

—Yes, it is. /No, it isn't.

例句：—Is it a dragon? 它是一条龙吗？

—Yes, it is. 是的，它是。No, it isn't. 不，它不是。

—Is this your mother? 这是你的妈妈吗？

—Yes, she is. 是的,她是。/No, she isn't. 不,她不是。

(九)询问位置

—Where's the +物品?

—It's in/on +地点。

例句:—Where is my pen? 我的钢笔在哪里?

It's in the bag. 它在书包里。

(十)描述职业

He's /She's + a/an +职业。

例句:This is my mother. 这是我的妈妈。

She's a teacher. 她是一个老师。

That's my father. 那是我的爸爸。

He's a doctor. 他是一个医生。

二、外研版(三年级起)三年级下册

(一)询问最喜欢的事物

—What's your favourite +名词?

—It's+喜欢的事物。/My favourite+名词+is+喜欢的事物。

例句:What's your favourite song? 你特别喜欢的歌曲是什么?

My favourite song is the ABC song. / It's the ABC song. 我喜欢的歌曲是ABC歌。

(二)询问动物名称

—What's this?

—It's a/an +动物名。

—What are they?

—They're +动物复数。

例句:—What's this? 这是什么?

—It's a panda. 它是熊猫。

—What are they? 它们是什么?

—They are tigers. 它们是老虎。

(三)描述喜好

1. 描述自己的喜好

I like +名词/动词-ing.

I don't like +名词/动词-ing.

例句:I like football. 我喜欢足球。

I don't like basketball. 我不喜欢篮球。

2. 确认非第三人称单数喜欢的食物/饮料

—Do you like +食物/饮料?

—Yes, I do. /No, I don't.

例句:—Do you like rice? 你喜欢米饭吗?

Yes, I do. 是的,我喜欢。/No, I don't. 不,我不喜欢。

3. 确认第三人称单数喜欢的食物/饮料

—Does+主语+like+食物/饮料?

—Yes, she(he) does./No, she(he) doesn't.

例句:—Does he like milk? 他喜欢牛奶吗?

Yes, he does. 是的,他喜欢。/No, he doesn't. 不,他不喜欢。

—Does she like apples? 她喜欢苹果吗?

Yes, she does. 是的,她喜欢。/No, she doesn't. 不,她不喜欢。

(四)描述日常行为

1. 描述某人的日常行为

主语+动词原形/动词第三人称单数+其他。

例句:I get up at seven o'clock. 我在七点起床。

She goes swimming. 她去游泳。

2. 询问对方的日常行为

—What do/does +主语+do +时间?

—主语+动词原型/动词第三人称单数+其他。

例句:—What do you do at weekends? 你在周末干什么?

—I go swimming. 我去游泳。

—What do you do in the morning? 你在上午干什么?

—I sleep in the morning. 我上午睡觉。

—What does Lingling have at school today? 玲玲今天在学校上什么课?

She has music, art and P.E. today. 今天她上音乐、美术和体育。

What does she do at the weekend? 她在周末做什么?

She goes swimming. 她去游泳。

(五)描述季节和天气

It's +表示天气的形容词+in+季节。

例句:It's warm in spring. 春天里天气温暖。

We fly kites in spring. 我们在春天放风筝。

It's hot in summer. 夏天很热。

We go swimming in summer. 我们在夏天去游泳。

It's cool in autumn. 秋天天气凉爽。

We play football in autumn. 我们在秋天踢足球。

It's cold in winter. 冬天寒冷。

We watch TV and play table tennis in winter. 我们在冬天看电视、打乒乓球。

(六)询问位置

—Where is +物品?

—It's +表示位置的介词短语。

例句:—Where is the book? 这本书在哪里?

—It's in the box./It's on your desk./It's under the chair.

它在盒子里。/它在你的桌子上。/它在椅子下面。

(七)描述某人有(拥有)某物

1. 描述某人有某物

主语+ have/has got +某物。

例句:I've got a new book. 我有一本新书。

It's about animals. 它是关于动物的。

It's about sports. 它是关于运动的。

Amy has got a bike. 埃米有辆自行车。

She goes to school by bike. 她骑自行车上学。

2. 描述某人没有某物

主语+ haven't/hasn't got + 某物。

例句:Sam hasn't got a bike. 萨姆没有自行车。

He goes to school by bus.他乘公共汽车上学。

3.确认他人是否有某物

—Have/Has ＋主语＋got＋某物？

—Yes，主语＋ have(has). /No，主语＋haven't(hasn't).

例句：—Have you got a new book？ 你有一本新书吗？

—Yes，I have. /No，I haven't.是的，我有。不，我没有。

—Has she got a bike？ 她有一个自行车吗？

—Yes，she has./No，she hasn't.是的，她有。/不，她没有。

三、外研版(三年级起)四年级上册

(一)询问路线

—Excuse me，where is ＋地点，please？

—Go straight on. Turn left/right...

例句：—Excuse me，where's No. 2 West Lake Road，please？ 打扰一下，请问西湖路2号在哪里？

—Go straight on. Turn left/right. 直走。向左/右转。

(二)描述位置

主语＋is＋表示方位的介词短语。

例句：It's next to a supermarket. 它的旁边是一个超市。

(二)询问正在做什么

—What ＋ be动词＋主语＋动词-ing ＋其他？

—主语＋be动词＋动词-ing ＋其他。

例句：—What are you doing？ 你正在做什么？

—I'm reading a book. 我正在读书。

—What is she doing？ 她正在做什么？

—She is writing a letter. 她正在写一封信。

(四)询问是否要某物

—Do you want some ... ？

—Yes，please. /No，thank you.

例句:—Do you want some rice? 你想要些米饭吗?

—Yes, please. / No, thank you. 是的,请给我一些。/不了,谢谢!

(五)描述能力

—Can you +动词原形+其他?

—Yes, I can. /No, I can't.

例句:—Can you run fast? 你能跑得快吗?

—Yes, I can. / No, I can't. 是的,我能。/不,我不能。

(六)询问计划

—What are you going to do?

—I'm /We're going to + 动词原形+其他。

例句:—What are you going to do? 你们打算去哪里?

—We're going to go to Hainan. 我们打算去海南。

I'm going to go to Hong Kong. 我打算去香港。

I'm going to swim in the sea. 我打算去海里游泳。

(七)表达请求

—Can I have some ...?

—Yes, you can. /Sorry, you can't.

例句:—Can I have some sweets? 我能吃些糖吗?

—Yes, you can. Here you are. 是的,你能,给你。/Sorry, you can't. 抱歉,你不能。

(八)统计生日数量

There is/are +数字+birthday(s)+in+月份。

例句:There are three birthdays in March.3月有 3 个生日。

There is one birthday in May.5月有 1 个生日。

四、外研版(三年级起)四年级下册

(一)描述人或物的特征

主语+be动词+形容词。

主语+be动词+a/an+形容词+名词。

例句:She's a nice teacher. 她是一个好老师。

Parrot is a very naughty bird!鹦鹉是一种淘气的鸟。

This is my big brother. 这是我的哥哥。

He's cool. 他很酷。

(二)描述将来要做某事或存在的状态

1. 将来要做的事情

主语+will+动词原形+其他。

例句:On Monday I'll go swimming. 星期一我将去游泳。

Robots will do everything. 机器人将来能做任何事情。

2. 确认对方将来要做某事

—Will you +动词原形+其他?

—Yes, I will./No, I won't.

例句:—Will you take your kite tomorrow? 明天你将带你的风筝吗?

—Yes, I will./No, I won't. 是的,我带。/不,我不带。

3. 询问将来做什么

—What will +主语+ do + on +星期?

—On+星期+主语+ will+动词原形+其他。

例句:—What will you do on Monday? 星期一你将做什么?

—On Monday I'll go swimming. 星期一我将去游泳。

4. 描述将来的天气

It will be +表示天气的形容词+in+城市。

例句:It will be windy in Beijing. 北京明天有风 .

5. 确认将来的天气

—Will it be +表示天气的形容词+其他?

—Yes, it will. /No, it won't.

例句:—Will it be windy in Beijing? 北京明天刮风吗?

—Yes, it will. /No, it won't. 是的,刮风。/ 不,没风。

(三)两个人或物的比较

A + be动词+形容词比较级+ than + B。

例句：Amy's taller than Lingling. 埃米比玲玲高。

Beijing is bigger than Tianjin. 北京比天津大。

（四）描述城市的方位

城市＋ is in the ＋ east/west/north/south。

例句：New York is in the east. 纽约在东方。

Hainan is in the south of China. 海南在中国的南方。

（五）描述国家的首都

城市＋ is the capital of ＋ 国家。

例句：Beijing is the capital of China. 北京是中国的首都。

London is the capital of England. 伦敦是英国的首都。

（六）描述人或物过去的状态或发生的动作

1. 含有情态动词be的过去式的表达

(1)肯定句

主语＋ was / were ＋描述人或物特征的词。

(2)否定句

主语＋ wasn't / weren't＋描述人或物特征的词。

例句：They weren't old then. 那时他们不老。

They were young. 他们是年轻的。

(3)一般疑问句

—Was / Were＋主语＋描述人或物特征的词？

—Yes, 主语＋was / were. / No, 主语＋ wasn't/weren't.

例句：—Was he happy? 他高兴吗？

—Yes, he was. 是的，他很高兴。/No, wasn't. 不，他不高兴。

2. 描述过去的动作

主语＋动词过去式＋其他。

例句：I helped Mum. 我帮助了妈妈。

On Monday Amy phoned grandma. 星期一埃米打电话给奶奶。

Yesterday I watched TV. 昨天我看电视。

3. 确认过去的动作

—Did ＋主语＋动词原形＋其他？

—Yes，主语＋did. / No，主语＋didn't.

例句：—Did Dad cook lunch？爸爸做饭了吗？

—Yes，he did. / No，he didn't. 是的，他做了。/ 不，他没做

五、外研版（三年级起）五年级上册

（一）询问对方回来的时间

—When did you come back？

—I/We came back ＋过去时间。

例句：—When did you come back？你什么时候回来的？

—We came back last Sunday. 我上星期天回来的。

（二）询问可数名词的数量

How many ＋可数名词复数＋ do you want？

例句：How many apples do you want？你想要几个苹果？

询问不可数名词的数量：How much ＋不可数名词＋do you want？

例句：How much milk do you want？你想要多少牛奶？

（三）描述数量

数字＋box(es)/bottle(s)/kilo(s).

例句：Five bananas，two bottles of apple juice，a cake and half a kilo of cheese.

五个香蕉、两瓶苹果汁、一个蛋糕和半公斤奶酪。

（四）询问过去做了什么

—What did ＋主语＋ do ＋过去时间？

—主语＋动词过去式＋其他。

例句：—What did you do at the weekend？周末你做什么？

—We visited lots of place. 我们参观了许多地方。

（五）询问过去去过哪里

—Where did ＋主语＋ go＋过去时间？

—主语 + went to +地点。

例句:—Where did you go at the weekend? 周末你们去了哪里?

—We went to Big Ben and the London Eye. 我们去了大本钟和伦敦眼。

(六)询问物品的归属

—Whose +单数名词+ is this?

—It's + 名词性主代词/名词所有格。

例句:—Whose bag is this? 这是谁的包?

—It's mine. 它是我的。

(七)描述有多个物

There are+数量+名词复数(+表示地点的介词短语)。

例句:There are twenty-five children in our class. 我们班有25个孩子。

(八)描述动作能做到的程

1. 肯定表达

主语+can+动词原形+描述动作程度的词。

例句:You can play football well. 你足球踢得很好。

2. 否定表达

主语+can't+动词原形+其他。

例句:He can't see. 他看不到。

They can't walk. 他们不能走。

(九)询问具体做某事的时间

—What time do/does +主语+动词原形+其他?

—主语+动词原形/动词第三人称单数+at+具体的钟点。

例句:—What time do / does you / she get up? 你/她几点起床?

—I / She get / gets up at six o'clock. 我/她6点起床。

—What time does your school start? 你的学校几点上课?

—My school starts at eight o'clock. 我的学校8点上课。

(十)询问情绪状况

—What's the matter? Are you feeling…?

—I'm +描述情绪的词。/Nothing.

例句：What's the matter? 发生了什么事？

Are you feeling sad/bored/angry? 你感到伤心/无聊/生气？

I'm happy/sad/bored/angry. 我很快乐/伤心/无聊/生气。

Nothing. 没什么。

（十一）描述应该或不应该做某事

主语＋ should/shouldn't ＋ 动词原形＋其他。

例句：You should look around before you cross the road. 过马路之前你应该环顾四周。

You shouldn't walk in the road. 你不应该在公路上散步。

You should hold my hand, too. 你也应该拉着我的手。

六、外研版（三年级起）五年级下册

（一）描述过去的动作

主语＋动词过去式＋其他。/主语＋didn't＋动词原形＋其他。

例句：We lived in a small house. 我们过去住在一个小房子里。

She didn't have a television or a radio. 她没有电视机，也没有收音机。

（二）描述过去有/没有某物

There was/were/wasn't/weren't＋某物＋过去时间。

例句：There was a small house four years ago. 四年前有一个小房子。

There weren't any buses many years ago. 许多年前没有公交车。

（三）询问过去三餐吃什么

—What did ＋主语＋ have for＋三餐类名词？

—主语＋ had ＋食物类名词。

例句：—What did she have for dinner? 她晚饭吃了什么？

—She had fish and chips. 她吃了炸鱼和土豆片。

（四）询问物品的位置

—Where ＋ is/are ＋物品？

—It's/They're ＋表示位置的介词短语。

例句：—Where are the books about computers, please? 请问关于计算机的

书在哪里?

—They are on Shelf C. 他们在C列。

(五)描述物品的特征

主语＋ is/are ＋描述事物特征的词。

例句:This bag is black. 这个包是黑色的。

(六)描述某物对某人来说是怎样的

It's ＋描述事物特征的词＋ for ＋人。

例句:It's too big for you. 对你来说它太大了。

It's easy for him. 对他来说很容易。

(七)询问对方过去去某地的时间

—When did you go to ＋地点?

—I/We went there ＋ 时间。

例句:—When did you go to Xinjiang? 你们什么时候去的新疆?

—We went there in July. 我们7月份去的那里。

(八)询问对方的意见或建议

What/How about ＋名词?

Why don't you ＋动词原形＋其他?

例句:What about chopsticks? 筷子怎么样?

Why don't you give him a kite? 你为什么不给他一个风筝呢?

How about a dragon kite? 龙风筝怎么样?

(九)询问对方打算去哪里

Where are you going to go?

例句:—Where are you going to go? 你们将要去哪里?

—We are going to go to Beijing. 我们打算去北京。

(十)询问对方打算去某地的时间

When are you going to go there?

例句:—When are you going to go there? 你打算什么时候去那里?

—I'm going to go there this summer. 我打算今年夏天去那里。

(十一)询问谁打算去某地

Who's going to go to +地点?

例句:—Who's going to go to the airport? 谁将去机场?

—I'm going. 我将去。

七、外研版(三年级起)六年级上册

(一)描述某地有某人/某物

There is/are +某人/某物+其他。

例句:There's a Chinatown in New York! 在纽约有一个中国城。

There are lots of Chinese shops and restaurants there. 那里有许多中国商店和饭馆。

(二)描述爱好

动词(短语)-ing+is+某人的+hobby.

例句:Reading is my hobby. 阅读是我的爱好。

Flying kite is my hobby. 放风筝是我的爱好。

(三)确认对方是否有某物

—Have you got a/any +某物?

—Yes, I have./No, I haven't.

例句:Have you got any books? 你有书吗?

Yes, I have. / No, I haven't. 是的,我有。/不,我没有。

(四)询问对方在节日做什么

—What do you do on +节日?

—I/We+动词原形+其他。

例句:—What do you do at the Spring Festival? 春节你们做什么?

—We eat a big family dinner. 我们吃年夜饭。

(五)询问对方最喜欢的事物

—What's your favourite +名词?

—It's+喜欢的事物。

例句:—What's your favourite festival? 你最喜欢的节日是什么?

—My favourite festival is /(It's) Spring Festival. 我最喜欢的是春节。是春节。

(六)确认对方是否能做某事

Can you +动词原形+其他?

例句:—Can you speak English? 你能说英语吗?

—Yes, I can. / No, I can't. 是的,我能。/ 不,我不能。

(七)表达请求

—Can I +动词原形+其他?

—Yes, of course.

例句:—Can I write to your friend? 我能给你的朋友写信吗?

—Yes, of course. 是的,当然。

(八)描述某人有某物

主语+ have/has got +某物。

例句:Daming has got a Chinese kite and we fly it in the park. 大明有一个中国风筝,我们在公园里放风筝。

I've got some chopsticks, but they are difficult. 我有一些筷子,但它们用起来挺困难。

(九)描述某人没有某物

主语+ haven't/hasn't got +某物。

例句:I've got some stamps from China, but I haven't got any stamps from Canada. 我有一些中国邮票,但我没有加拿大邮票。

(十)描述经常性的动作

主语+动词原形/动词第三人称单数+其他。

例句:Pandas eat for twelve hours a day. 熊猫一天吃十二个小时。

The snake thinks the flute is another snake! 蛇认为笛子是另一条蛇。

(十一)确认对方做某事的频率

—Do you +频率词+动词原形+其他?

—Not really./Not very often./Yes, I do./No, I don't.

例句:Do you often play with dolls? 你经常玩娃娃吗?

Does Amy often read stories? 埃米经常读故事吗?

Yes, she does./No, she doesn't. 是的,她经常。/不,她不经常。

I don't know. 我不知道。

(十二)描述想要做某事

主语+ want(s) to +动词原形+其他。

例句:I want to show Daming the present from China. 我想给大明看这件来自中国的礼物。

(十三)肯定祈使句

动词原形+其他。

例句:Stand up, please. 请起立!

Point to the blackboard! 指向黑板。

(十四)否定祈使句

Don't+动词原形+其他。

例句:Don't talk in the library. 在图书馆里不要说话。

Stop! 停止!

Don't go! 不要走!

八、外研版(三年级起)六年级下册

(一)询问对方想要吃/喝什么

—What do you want to eat/drink?

—I want +食物/饮料。

例句:—What do you want to eat? 你想吃什么?

—I want some chicken and rice, please. 请给我一些鸡肉和米饭。

—What do you want to drink? 你想喝点什么?

—I want a cola, please. 请给我一杯可乐。

(二)询问价钱

—How much is / are +物品?

—It's / They're ＋数字＋货币单位。

例句：—How much is it? 多少钱？

—It's thirteen dollars and twenty-five cents. 13.25美元。

（三）描述打算做某事

主语＋ be going to ＋动词原形＋其他。

例句：I'm going to watch TV. 我打算看电视。

（四）询问打算做某事的时间

—When ＋be动词＋主语＋going to ＋动词原形＋其他？

—主语＋ be going to＋动词原形＋时间。

例句：—When are you going to eat? 你们什么时候吃饭？

—We're going to eat at half past twelve. 我们在12:30开始吃饭。

（五）描述将来的天气

It's going to ＋表示天气的动词。

It's going to be ＋表示天气的形容词。

例句：It's going to snow in Harbin. 哈尔滨将要下雪。

It's going to be sunny in Beijing. 北京将是晴天。

（六）描述正在做的事情

主语＋be动词＋动词-ing＋其他。

例句：He is playing the trumpet, but the phone is ringing. 他正在吹小号，电话响了。

He's riding his bike, but it's starting to rain. 他正在骑他的自行车，但是开始下雨了。

（七）描述过去的动作

主语＋动词的过去式＋其他。

例句：In October 2003, Shenzhou V flew into space with Yang Liwei. 在2003年10月，神舟五号载着杨利伟飞入太空。

I bought you this book about America. 我买了一本关于美国的书。

Simon's family gave it to me. 西蒙的家人给我的。

(八)描述过去的状态

主语+ was / were +其他。

例句:His name was Louis Braille. 他的名字叫路易斯·布莱叶。

He was born in 1809. 他出生于1809年。

(九)描述过去的能力

主语+ could / couldn't +动词原形+其他。

例句:Later she could read and write. 后来她能读和写了。

She couldn't see and she couldn't hear. 她看不到,也听不到。

(十)询问对方的情绪状况

—What's the matter?

—I'm+表示情绪的形容词。

例句:What's the matter? 有什么事吗?

I'm happy (tired/afraid/sad). 我高兴(累了/害怕/伤心)。

(十一)询问原因

—Why+一般疑问句?

—Because+肯定句。

例句:—Why are you wearing a raincoat? 你为什么穿着雨衣?

—Because it's going to rain. 因为天将要下雨了。

(十二)询问将要学习的课程

—What + be动词+主语+ going to study?

—主语+ be going to study +课程。

例句:—What are you going to study? 你将要学习什么?

—I'm going to study physics, chemistry, and history. 我将要学习物理、化学和历史。

【感悟小语】

小学英语课堂教学中,教师可根据热身的需要和学生互动,如走到坐得端正的学生面前进行表扬并开始简单有趣的英语交流;也可带领学生做与新知相关的旧知复习游戏,激活记忆、联系新知,以此调动学生参与活动的积极性,使课堂尽可能发挥最好的作用。教师在平时的教学中，可以根据不同的教学情境、学生的学习情况和教材内容创编更多的英语教学游戏，让学生在学习过程中感受每次学习中的游戏都有新意，更能激发学生的学习兴趣和积极性。

对于教学评价的相关教学要求，《课标（2022年版）》给出了“教—学—评”一体化的落实建议等。评价是凸显教师工作专业性的教学方式、方法和技能，是教学不可分割的一部分，并对接下来的教学有反馈和调整的作用。基于这一点，从新课标的角度来审视教学评价，的确需要教师不断地深入研究和实践，并重新审视我们的教学及教学评价。例如，怎样才算落实学科素养？如何理解“教—学—评”一体化？评价是什么？评价就是考试和测验吗？需要命题时，是编制题目还是“复制粘贴”试题？会判断题目的质量吗？能考出学生素养的题目是什么样的？

小学英语教师的日常工作绝不仅仅是教学，还包括与教育教学相关的诸多工作，其中时常梳理与总结知识体系和教学实践的经验及感悟也是促进教师教学技能与自身成长的重要途径和方法。

参考文献

[1]程兵兵.TPR幼儿英语教学法初探[J].科技信息,2012(29).

[2]丛李芳,徐欣.思维导图在小学英语词汇教学中的应用探析[J].教育科学论坛,2010(7).

[3]蔡万刚.从零开始学思维导图[M].北京:中国商业出版社,2018.

[4]范慧玉.基于语篇的小学英语故事教学思路[J].现代中小学教育,2013(5).

[5]郭艳林.小学英语词汇教学的现状和原因[J].新课程(小学),2014 (11).

[6]刘晓栋.小学英语教师专业素质现状及对策研究——以东阿县四所学校为例(D).济南:山东师范大学,2010.

[7]刘晓栋.自然拼读法背景下的小学英语语音教学探究[J].教师,2019(33).

[8]陶效莉,刘晓栋,马玲.核心素养背景下的小学英语词汇教学探索[M].长春:吉林人民出版社,2020.

[9]王思佳.思维导图在小学英语词汇教学中的应用[J].读与写(教育教学刊),2016(1).

[10]王春易.从教走向学:在课堂上落实核心素养[M].北京:中国人民大学出版社,2020.

[11]伍新春.儿童发展与教育心理学[M].北京:高等教育出版社,2013.

[12]杨斌."容错"到底容的是什么?[J].教育家,2022(4).

[13]中华人民共和国教育部.义务教育阶段英语课程标准(2011年版)[S].

北京：北京师范大学出版社，2012.

[14]中华人民共和国教育部.义务教育阶段英语课程标准(2022年版)[S].北京：北京师范大学出版社，2022.

[15]中华人民共和国教育部制定.义务教育课程方案(2022年版)[M].北京：北京师范大学出版社，2022.

[16]祝丽萍.小学英语教师职业素养发展研究[J].科技资讯，2016(36).

[17]张蒙蒙.小学英语词汇教学[J].杂文月刊，2015(4).

[18]钟启泉，崔允漷，张华.为了中华民族的复兴，为了每一位学生的发展：《基础教育课程改革纲要(试行)》解读[M].上海：华东师范大学出版社，2001.